互联网金融
仿真综合实训教程

莫易娴 编

广东高等教育出版社
Guangdong Higher Education Press

·广州·

图书在版编目（CIP）数据

互联网金融仿真综合实训教程 / 莫易娴编. —— 广州：广东高等
教育出版社，2024. 12. ——ISBN 978 - 7 - 5361 - 7687 - 4

Ⅰ. F830. 49

中国国家版本馆 CIP 数据核字第 2024MH4046 号

出 版 发 行	广东高等教育出版社
	地址：广州市天河区林和西横路
	邮编：510500　　营销电话：（020）87553335
	网址：www.gdgjs.com.cn
印　　　刷	佛山市浩文彩色印刷有限公司
开　　　本	787 mm × 1 092 mm　　　1/16
印　　　张	10.75
字　　　数	230 千
版　　　次	2024 年 12 月第 1 版
印　　　次	2024 年 12 月第 1 次印刷
定　　　价	39.00 元

前　言

　　在数字经济时代，金融科技作为数字技术驱动的金融创新，已成为深化金融供给侧结构性改革，增强金融服务实体经济高质量发展能力的重要引擎。以"互联网金融"和"大数据"等为关键词的新一代信息化浪潮，给金融业带来了新的挑战和机遇。

　　基于这样的背景，培养实务型金融人才是当下的重要课题。社会需要、市场呼唤"有知识、会操作"的实务型金融科技专业人才。教学应使学生身临其境地感受到金融业在经营过程中所面临的竞争，并使其学会站在经营者的角度去思考问题。

　　华南农业大学在这方面做了积极有益的尝试，2020 年，华南农业大学通过教育部产学研合作项目，与深圳智盛信息技术股份有限公司（以下简称"智盛公司"）合作建立金融科技实验室，每学年有 200 多名本科和研究生学生在金融科技实验室学习、进行科研活动，借助金融科技实验室，建设对接国际前沿、教学研究共享、符合大学生探索实践特征的金融科学创新实验室，助力大学生找到适合自己的发展方向。

　　华南农业大学经济管理学院非常重视实验课程的建议，于 2021 年购买了"金融科技训创一体化平台"软件。该软件涵盖互联网金融各方面的内容，如第三方支付、互联网保险、众筹、大数据分析等。智盛公司也配备了专门的实验操作指南。在教学过程中，我们逐渐发现这套软件的优越性，同时，也注意到一些需要完善的地方，例如，一些操作流程需要更详细的说明，一些说明性内容有重复之处。更重要的是，由于该课程每个学年只开设一次，因而学生在操作流程方面难免有记忆不准确或疏漏之处。尽管智盛公司有着非常好的售后服务，但考虑到及时反馈的不便，也为了减少重复性咨询给公司售后服务人员带来的麻烦，我们认为有必要在实验操作指南的基础上，编写一本完整的实验教材。此想法得到了智盛公司的积极响应和热烈支持。经过智盛公司的授权，我们在软件操作指南框架的基础上，根据实操过程中的一些心得体会和经验编写了这本实验教材。

本教材是基于智盛公司的软件系统和教学组的实操经验而编写的，因此已经购买或拟购买智盛金融科技训创一体化平台（软件）的普通高等学校和各类职业院校等，也可以将本教材作为参考教材。另外，自学考试、成人教育和有志于供职银行系统的社会人士等，也可以使用本教材。

本教材的顺利出版，与智盛公司的授权是分不开的，在此表示感谢。同时感谢智盛公司的连俊琴女士为本教材提出了大量宝贵建议。感谢金融系彭东慧等老师以及研究生陈中天、介雯婷等，承担了大量修改工作。

由于时间紧张、水平有限，加之我们对软件的了解有限以及篇幅受限，教材可能存在一些疏漏和不足，请读者在使用过程中提出宝贵意见。

莫易娴

2023 年 12 月 25 日

目 录

第 1 章　互联网金融实战平台概述

1.1　产品概述

1.1.1　产品名称

金融科技训创一体化平台。

1.1.2　开发背景

在互联网快速发展的今天，金融与互联网相结合的新型的金融业务模式已经深深影响到了我们的生活，成为我们必不可少的一种生活方式。为了跟随时代的步伐和社会的需要，深圳智盛信息技术股份有限公司自主研发了"金融科技训创一体化平台"软件，为了使广大消费者能更好地了解本软件，本书将对该软件进行详细的分析。

1.1.3　应用领域和适用对象

本软件系统适用于金融类院校教学实训使用，主要用于课堂教学及课外实训，是一款与相关互联网金融教学课程配套的教学实训软件产品。教师通过本软件系统可以更好地组织教学内容、呈现课程知识点，摆脱传统板书或单纯的教学课件教学方式。通过使用本系统，学生可以理论结合实操训练，在教中学、学中做，通过实操训练加深对理论知识的理解，同时增强学习兴趣，达到寓教于乐的目的。

1.2　运行环境

1.2.1　硬件

1. 前台

要求奔腾 4 处理器 2 G 以上，有鼠标、网卡，内存 1 G 以上，硬盘 60 G 以上，彩色显示器分辨率 1 024×768 以上。

2. 数据库服务器

要求高档 PC 服务器，内存 2 G 以上，硬盘 120 G 以上，彩色显示器分辨率 800×600 以上。

1.2.2　软件

1. 前台

要求电脑操作系统为简体中文 Windows 2000 以上版本，显示器分辨率为 1 024×768 以上、颜色为 32 位色以上，字体为小字体。

2. 数据库服务器

要求电脑操作系统为简体中文 Windows 2000 Server 以上版本，采用 SQL server 2008R2 数据库。

第2章　互联网金融实战平台功能概述

2.1　系统登录及信息修改

2.1.1　输入网址

打开 Internet Explorer 浏览器或 Google Chrome 浏览器，在地址栏输入登录地址：www.zsyun.com.cn。

提示：Internet Explorer 为微软公司授权软件，Google Chrome 为谷歌公司授权软件，建议使用 1 024×768 分辨率及 Internet Explorer 9.0 以上版本浏览。

2.1.2　输入用户名和密码

输入用户名和密码，点击登录，进入系统，如图 2-1、图 2-2 所示。

图 2-1　登录系统页面（1）

图 2-2　登录系统页面（2）

　　无计划的情况下需要在教师后台管理端任务设置模块里的计划管理中进行新增计划并激活，登录页面下分为个人模式和团队模式。

　　点击进入个人模式，如图 2-3 所示。

序号	计划名称	运营模式	分值	当前成绩	操作
1	2061TD-N	团队模式	1100	0	进入
2	2061GR-N	个人模式	1100	0	进入

图 2-3　进入个人模式

点击进入团队模式，如图 2-4 所示。

图 2-4　进入团队模式

2.1.3　桌面背景

在主页面点击鼠标右键，选择"桌面背景"，可切换桌面背景图片，如图 2-5 所示。

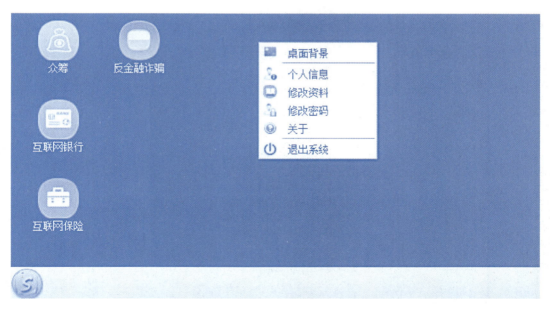

图 2-5　切换桌面背景

2.1.4 个人信息

在主页面点击鼠标右键，将弹出如图 2-6、图 2-7 所示的个人信息页面。

图 2-6 个人信息（1）

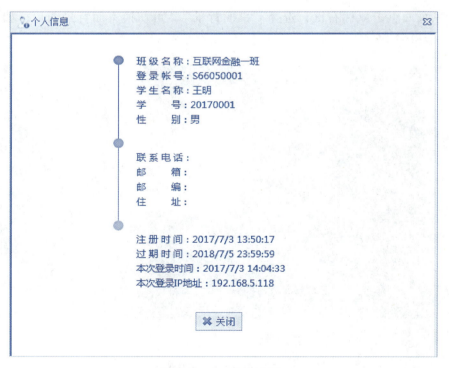

图 2-7 个人信息（2）

2.1.5　修改资料

在主页面点击鼠标右键，选择"修改资料"，如图 2-8 所示，即可修改相关资料。

图 2-8　修改资料

2.1.6　退出系统

退出系统有两种操作方法：第一种，点击鼠标右键，然后再选择"退出系统"，如图 2-9 所示；第二种，点击左下角的公司标志，选择"退出系统"，如图 2-10 所示。

图 2-9　退出系统（1）

图 2-10　退出系统（2）

2.2　学生端功能

学生端操作分为个人、团队两个模式。

2.2.1　个人模式

如图 2-11 所示，个人模式页面包含以下功能：个人信息、基础知识、第三方支付、互联网征信、P2P 网贷、众筹、互联网银行、互联网保险、互联网基金销售、互联网消费金融、大数据金融、系统性风险仿真、反金融诈骗、案例教学、团队管理、展示中心、创业广场、云课堂、实习报告、使用帮助。

图 2-11　个人模式

1. 个人信息

个人信息主要用来显示学生在软件中的基本信息，如图 2-12 至图 2-14 所示。

个人信息

- 登录账号：S11110060
- 学生姓名：王明　编辑
- 班级名称：智盛一班
- 运营模式：个人模式
- 用户等级：小白
- 累计经验：0
- 我的钱包：（开卡）
- 资金流水：（查看详情）
- 当前计划：虚拟运营-个人　（切换计划）

图 2-12　个人信息

在"个人信息"页面会显示累积经验等级表，如图 2-13 所示。

等级表

🎗 等 级	⭐ 经验值
小白	0-999
书童	1000-1999
秀才	2000-3999
举人	4000-6999
进士	7000-9999
状元	10000以上

注：每一个模块每增加一个操作（见操作记录）可以增加5经验值，相同的操作最多可以累加50个经验值

图 2-13　经验等级表

经验值

经验值表

所属模块	经验值
第三方支付	0
互联网征信	0
P2P网贷	0
众筹	0
互联网银行	0
互联网保险	0
互联网基金销售	0
互联网消费金融	0
大数据金融	0
系统性风险仿真	0
反金融诈骗	0
合计	0

图 2-14　经验值表

2. 开银行卡

在"个人信息"里的"我的钱包"中点击开卡，在以下银行中任意选一家开银行卡，以供整个软件使用，每个模块的资金流通都出自这张卡，开卡成功后，初始资金为 3 000 万元，如图 2-15 所示。

图 2-15　开银行卡

3. 资金流水

点击"查看详情"可以看到所有操作的资金流动情况。

4. 修改个人信息和密码

点击"编辑"可以修改学生个人信息和密码。

5. 基础知识

基础知识包含了第三方支付、互联网征信、P2P 网贷、众筹、互联网银行、互联网保险、互联网基金销售、互联网消费金融、大数据金融、系统性风险、反金融诈骗这 11 个模块的理论知识的习题，可以选择相应的模块进行习题练习，有单选、多选、判断三种题型，如图 2-16 所示。

图 2-16　基础知识随机练习

6. 业务模块

业务模块有以下 11 种：第三方支付、互联网征信、P2P 网贷、众筹、互联网银行、互联网保险、互联网基金销售、互联网消费金融、大数据金融、系统性风险、反金融诈骗。这 11 个模块是本软件的 11 个业务功能型模块，每一个模块都有不同的任务，每一个模块里都对应有商业模式、典型案例、虚拟运营、创新创业四个部分，如图 2-17 所示，学生对应模块的虚拟运营部分分别模拟不同的角色操作。

图 2-17　模板内四个部分

7. 案例教学

　　教师从教师端上传教学案例（视频和文档），推送到学生端，学生可以查看并根据教师的要求进行分析，教师设定评分标准后根据评分标准进行点评，完成教师与学生之间的交流互动，如图 2-18 所示。

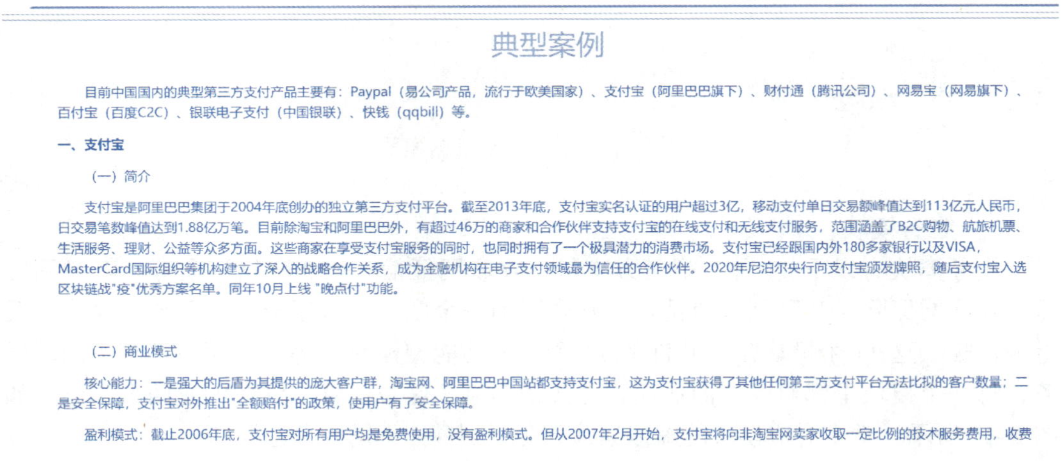

典型案例

　　目前中国国内的典型第三方支付产品主要有：Paypal（易公司产品，流行于欧美国家）、支付宝（阿里巴巴旗下）、财付通（腾讯公司）、网易宝（网易旗下）、百付宝（百度C2C）、银联电子支付（中国银联）、快钱（qqbill）等。

一、支付宝

　　（一）简介

　　支付宝是阿里巴巴集团于2004年底创办的独立第三方支付平台。截至2013年底，支付宝实名认证的用户超过3亿，移动支付单日交易额峰值达到113亿元人民币，日交易笔数峰值达到1.88亿万笔。目前除淘宝和阿里巴巴外，有超过46万的商家和合作伙伴支持支付宝的在线支付和无线支付服务，范围涵盖了B2C购物、航旅机票、生活服务、理财、公益等众多方面。这些商家在享受支付宝服务的同时，也同时拥有了一个极具潜力的消费市场。支付宝已经跟国内外180多家银行以及VISA、MasterCard国际组织等机构建立了深入的战略合作关系，成为金融机构在电子支付领域最为信任的合作伙伴。2020年尼泊尔央行向支付宝颁发牌照，随后支付宝入选区块链战"疫"优秀方案名单。同年10月上线"晚点付"功能。

　　（二）商业模式

　　核心能力：一是强大的后盾为其提供的庞大客户群，淘宝网、阿里巴巴中国站都支持支付宝，这为支付宝获得了其他任何第三方支付平台无法比拟的客户数量；二是安全保障，支付宝对外推出"全额赔付"的政策，使用户有了安全保障。

　　盈利模式：截止2006年底，支付宝对所有用户均是免费使用，没有盈利模式。但从2007年2月开始，支付宝将向非淘宝网卖家收取一定比例的技术服务费用，收费

图 2-18　案例教学

8. 展示中心

学生查看操作记录详情包括当前操作、操作账号、操作人、操作时间等，如图 2-19 所示。

图 2-19　展示中心

9. 创业广场

学生可添加创业信息包括项目背景、项目详情、项目目标、优势、风险及对策、创业团队、其他，其余同学可以对此项目进行点赞、关注、发表意见等，如图 2-20 所示。

序号	项目名称	创建团队	创建人	创建时间	获赞数量	状态	操作

图 2-20　创业广场

10. 云课堂

教师在教师端上传课件、视频、文档后，学生方可查看和学习，如图 2-21、图 2-22 所示。

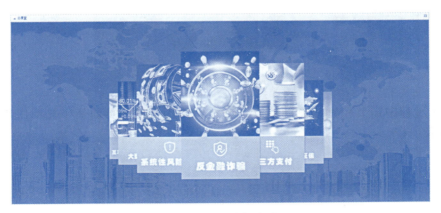

图 2-21　云课堂（1）

序号	类型	文件名称	文件类型	上传人	上传时间	操作
1	企业案例	金融犯罪	ppt	系统管理员	2021-07-20 16:49:52	查看 下载
2	企业案例	传销，一个骗局和罪恶的代名词	ppt	系统管理员	2021-07-20 16:49:38	查看 下载
3	教学案例	现代金融骗局始祖	pptx	系统管理员	2021-07-20 16:49:11	查看 下载
4	教学案例	史上金融巨骗	ppt	系统管理员	2021-07-20 16:48:34	查看 下载
5	教学案例	麦道夫骗局启示录	ppt	系统管理员	2021-07-20 16:48:20	查看 下载
6	教学案例	金融诈骗防范知识教育	ppt	系统管理员	2021-07-20 16:48:01	查看 下载

图 2-22 云课堂（2）

11. 实习报告

在"实习报告"页面，可以查看到学生的任务得分情况，如图 2-23 所示。

图 2-23 实习报告

12. 使用帮助

操作过程中需要特别注意的地方，会在"使用帮助"页面集中显示出来，如图 2-24 所示。

图 2-24　使用帮助

2.2.2　团队模式

在团队模式下操作需要先在团队管理中组建队伍。

如图 2-25 所示，团队模式页面包含以下功能：个人信息、基础知识、第三方支付、互联网征信、P2P 网贷、众筹、互联网银行、互联网保险、互联网基金销售、互联网消费金融、大数据金融、系统性风险、反金融诈骗、教学案例、团队管理、展示中心、创业广场、云课堂、实习报告、使用帮助。

图 2-25　团队模式

1. 个人信息

在"个人信息"页面会显示学生在软件中的基本信息，如图 2-26 所示。

图 2-26　个人信息

2. 团队管理

进入团队管理后，可以自己创建一个队伍，也可以加入组队中的队伍，每个队伍由 1 名队长和 3 名队员组成，创建队伍的人在组队成功之前可以解散队伍，组队成功之后不能解散。

图 2-27　团队管理

组队成功后可以查看组队信息以及组队模式下队伍中每一个人在业务操作时候的分工情况，如图 2-28 所示。

图 2-28　团队信息

3. 开银行卡

只有队长才能开卡。队长在"个人信息"里的"我的钱包"中点击开卡，在以下银行中任意选一家开银行卡，以供整个软件使用，每个模块的资金流通都出自这张卡，开卡成功后，初始资金为 3 000 万。

4. 资金流水

点击查看详情，可以看到所有操作的资金流动情况。

5. 修改个人信息和密码

点击"编辑"可以修改学生的个人信息和密码。

6. 业务模块

同个人模式一样，团队模式下也有第三方支付、互联网征信、P2P 网贷、众筹、互联网银行、互联网保险、互联网基金销售、互联网消费金融、大数据金融、系统性风险、反金融诈骗等 11 个业务模块。团队中 4 个人分别模拟不同的角色，每一个角色都有不同的功能，通过相互配合完成该模块的任务。

学生组队成功后可以查看组队信息以及组队模式下队伍中每一个人在业务操作时候的分工情况。

第3章　业务操作

3.1　业务操作介绍

本软件有第三方支付、互联网征信、P2P 网贷、众筹、互联网银行、互联网保险、互联网基金销售、互联网消费金融、大数据金融、系统性风险仿真、反金融诈骗等 11 个可供学生进行业务操作的模块，模块之间相互关联，每个模块都有需要完成的任务。每个模块包含商业模式、典型案例、虚拟运营、创新创业四个部分，商业模式、典型案例部分可供学生阅读从而理解本模块；虚拟运营部分可供学生分别模拟不同的角色，从而操作本模块相关综合业务；创新创业部分可以锻炼学生的创新创业思想，给有想法的学生提供一个平台，学生可在里面充分发挥自己的能力，在平台里每个学生都可以相互交流、相互学习。

3.2　商业模式

在这 11 个业务模块中，每一个模块都有对应的商业模式可供学生阅读理解，如图 3-1 所示。

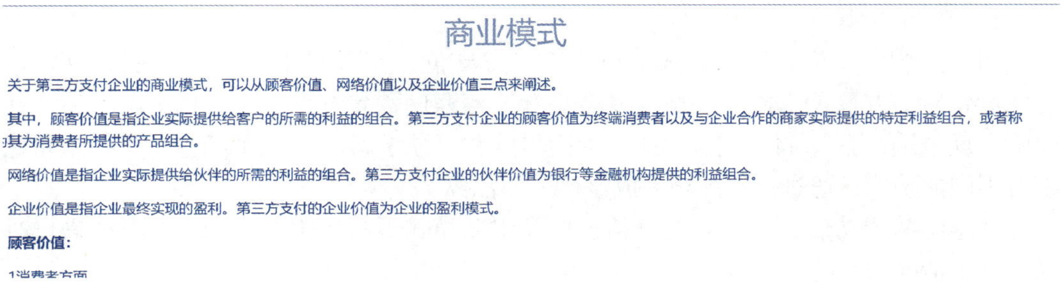

商业模式

关于第三方支付企业的商业模式，可以从顾客价值、网络价值以及企业价值三点来阐述。

其中，顾客价值是指企业实际提供给客户的所需的利益的组合。第三方支付企业的顾客价值为终端消费者以及与企业合作的商家实际提供的特定利益组合，或者称为其为消费者所提供的产品组合。

网络价值是指企业实际提供给伙伴的所需的利益的组合。第三方支付企业的伙伴价值为银行等金融机构提供的利益组合。

企业价值是指企业最终实现的盈利。第三方支付的企业价值为企业的盈利模式。

顾客价值：

1消费者方面

图 3-1　商业模式

3.3　典型案例

每一个模块都选取模型案例供学生学习，如图 3-2 所示。

大数据金融　（案例列表）

序号	标题	类型	状态	操作
1	中国首部大数据地方法规.	文档	未推送	
2	芝麻信用.	文档	未推送	
3	誉存科技的橙信大数据.	文档	未推送	
4	什么让银行如虎添翼？.	文档	未推送	
5	大数据与金融亲密关系大揭秘.	文档	未推送	

当前页：1/1 首页 1 末页

图 3-2　典型案例

3.4　虚拟运营

点进每个模块的虚拟运营后都会有任务描述和任务要求，学生根据任务要求完成每一个模块对应的任务，如图 3-3 所示。

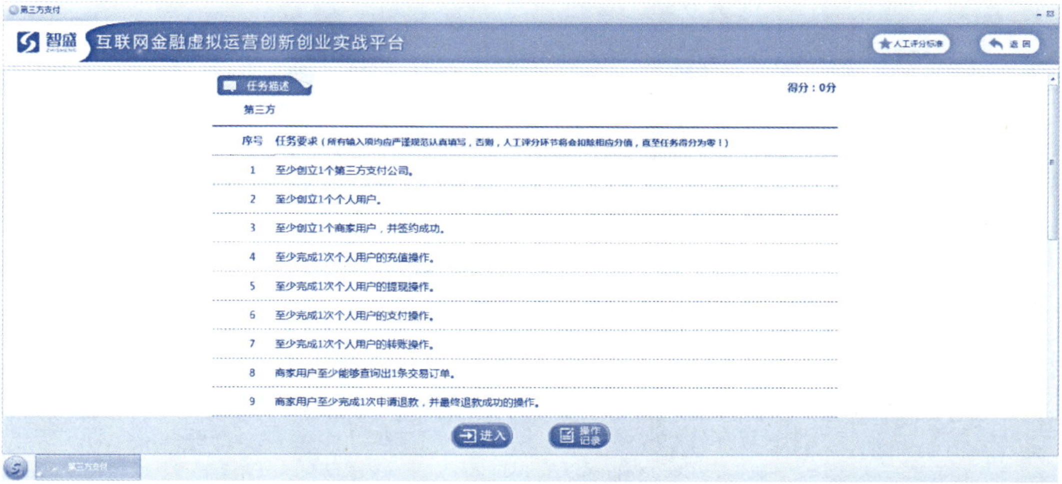

图 3-3　任务描述

19

每个业务模块都有人工评分标准，学生操作业务填写资料信息时要严格参考评分标准，否则在人工评分环节将会被扣分，评分标准如图 3-4 所示。

人工评分标准

第三方支付

序号	评分项目	评分标准	扣分范围
1	公司注册	公司名称、注册资本金、经营范围应该规范填写并尊重客观事实。	0~10
2	个人用户注册	姓名、身份证号码、地址、手机号码应当按规范填写。	0~10
3	商家用户签约	商家注册、个人信息、营业信息应当按规范填写。	0~10
4	金额	充值金额、提现金额等应当设置合理并符合实际情况。	0~10
5	客户中心	客服与用户之间的交流必须跟业务有关。	0~10

注：总扣分值不应超过所得分值

图 3-4　评分标准

3.5　创新创业

创新创业部分分为"我的创新创业"和"创新创业交流"，如图 3-5 所示。

"我的创新创业"中可以新增"我的创业计划"并发布，发布后，其他人在相同模块的"创新创业交流"中可以查看到。

"创新创业交流"模块中可以查看到其他人在相同模块中的创业计划。

图 3-5　创新创业

第4章 第三方支付

4.1 实验目的

学生通过模拟第三方支付实验操作，熟悉第三方支付平台的操作流程和步骤，对第三方支付平台的架构、运营模式有所认识，将课本所学专业基础知识与实践相结合，系统地实践、体验和学习第三方支付平台的相关业务，从而提高学习、操作和分析等各方面的能力，进一步加深对理论知识的理解。

4.2 实验要求

实验要求完成以下操作。

（1）至少完成1次个人用户的充值操作。

（2）至少完成1次个人用户的提现操作。

（3）至少完成1次个人用户的支付操作。

（4）至少完成1次个人用户的转账操作。

（5）商家用户至少能够查询出10条交易订单。

（6）个人用户至少完成1次申请退款商家用户的商品，并最终退款成功的操作。

（7）个人用户至少完成1次申请退款商家用户的商品，并最终退款失败的操作。

（8）商家用户至少能查询出3条已结算记录。

（9）商家用户至少能查询出1条未结算记录。

（10）至少完成1次商家用户的充值操作。

（11）至少完成1次商家用户的提现操作。

（12）商家用户的资金流水中至少能查询出10条流水记录。

（13）个人用户向客服至少提出1次问题。

（14）客服至少回答1次个人用户提出的问题。

（15）商家用户向客服至少提出1次问题。

（16）客服至少回答1次商家用户提出的问题。

（17）至少有一个个人用户在第三方支付公司的余额大于 1 869 元。

（18）至少有一个商家用户交易收入扣除结算费用后，净收入至少为 20 000 元。

（19）至少有一个商家用户在第三方支付公司的余额大于 50 000 元。

（20）至少完成 1 次个人用户的申请开通信用呗，并申请成功获得信用额度的操作。

（21）至少完成 1 次商家用户的申请开通信用呗，并申请成功的操作。

（22）至少完成 1 次个人用户的信用呗支付并手动还款操作。

（23）至少完成 1 次个人用户的确认收货操作。

4.3 实验内容

第一步，公司创始人注册支付公司，个人用户和商家用户注册账户。

第二步，个人用户购买商品，商家用户查询购买记录，发出退款申请，运营专员和风控专员审批退款。

第三步，财务专员结算，商家用户查询结算情况。

进入该模块的虚拟运营后点击任务说明，可查看任务状态和操作记录，如图 4-1 所示。

任务描述	得分：100分

在互联网金融越来越渗透进大众生活的今天，第三方支付方式也与人们紧紧联系起来。第三方支付模块通过模拟第三方支付公司、个人用户和商家用户，创造出一个第三方交易的平台和场景。学生通过不同的角色，了解并学习第三方支付公司的运作过程和原理，对这种新型的支付方式有个更深刻的理解。

序号	任务要求（所有输入项均应严谨规范认真填写，否则，人工评分环节将会扣除相应分值，直至任务得分为零！）
√ 1	至少创立1个第三方支付公司。
√ 2	至少创立1个个人用户。
√ 3	至少创立1个商家用户，并签约成功。
√ 4	至少完成1次个人用户的充值操作。

图 4-1 任务描述

4.3.1 公司创始人注册公司

公司创始人点击"注册"，填写相关信息，注册完成后选择支付公司，如图 4-2 所示。

图 4-2　注册公司

4.3.2　个人用户注册、开卡，充值

在个人用户角色里，个人用户选择支付公司并在该支付公司中注册个人用户，如图 4-3 所示。注册成功后锁定用户。

图 4-3　用户信息修改

个人用户可在我的支付中进行充值、提现、转账等操作。点击"充值"，填写充值金额（当日最多不超过 5 万），输入密码并提交，如图 4-4、图 4-5 所示。

图 4-4　充值、提现、转账

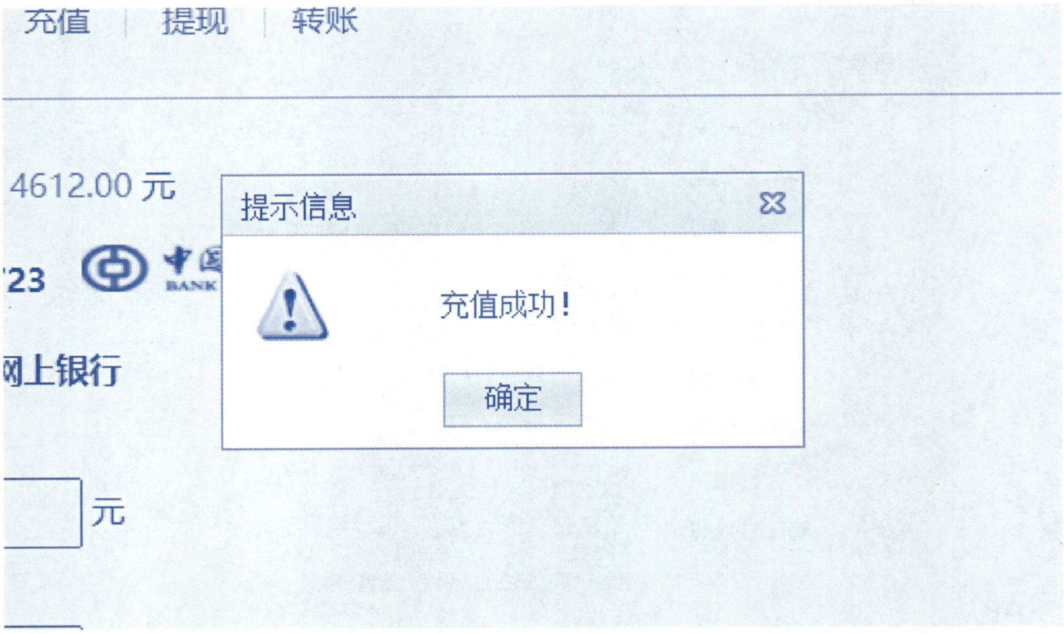

图 4-5　充值账户

4.3.3　商家用户注册、签约

商家用户选择支付公司，在该支付公司中注册商家用户，并填写相关营业信息，取得营业执照，如图 4-6、图 4-7 所示。

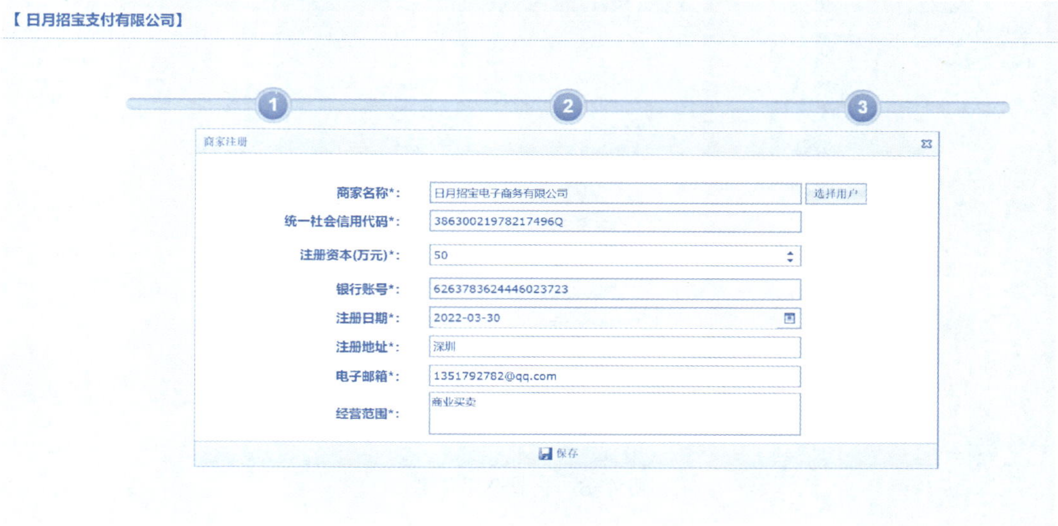

图 4-6　商家注册

图 4-7　证照信息

运营专员可以查看申请签约公司的详细资料，通过这些详细信息，专员可以选择是否进行签约，如图4-8、图4-9所示。

图4-8　查看公司信息

图4-9　签约信息

4.3.4　个人用户购买商品

在交易环节，个人用户对各类需求商品进行支付，完成交易，如图4-10、图4-11所示。

图 4-10　个人用户购买商品

图 4-11　支付成功页面

　　个人用户可以随时查看交易订单，对商品进行确认收货的操作，如图 4-12、图 4-13 所示。

图 4-12　交易订单

图 4-13　确认收货

个人用户还可以对商品进行退款申请，等待商家处理，如图 4-14、图 4-15 所示。

图 4-14　退款申请（1）

图 4-15　退款申请（2）

　　个人用户可以在平台上查询交易记录，如图 4-16 所示。

	交易日期	交易类型	金额(元)	交易模块	交易详情
1	2022-04-06 22:34:45	支付	875	第三方支付	个人用户-我的支付-余额支付
2	2022-04-06 22:34:45	支付	446	第三方支付	个人用户-我的支付-余额支付
3	2022-04-06 22:34:45	支付	1839	第三方支付	个人用户-我的支付-余额支付
4	2022-04-06 22:34:45	支付	1308	第三方支付	个人用户-我的支付-余额支付
5	2022-04-06 22:34:45	支付	523	第三方支付	个人用户-我的支付-余额支付
6	2022-04-06 22:34:44	支付	88	第三方支付	个人用户-我的支付-余额支付
7	2022-04-06 22:34:44	支付	888	第三方支付	个人用户-我的支付-余额支付
8	2022-04-06 22:34:44	支付	288	第三方支付	个人用户-我的支付-余额支付
9	2022-04-06 22:34:44	支付	68	第三方支付	个人用户-我的支付-余额支付
10	2022-04-06 22:34:44	支付	88	第三方支付	个人用户-我的支付-余额支付
11	2022-04-06 22:31:05	支付	1033	第三方支付	个人用户-我的支付-余额支付
12	2022-04-06 22:30:55	支付	371	第三方支付	个人用户-我的支付-余额支付
13	2022-04-06 22:30:44	支付	744	第三方支付	个人用户-我的支付-余额支付
14	2022-04-06 22:30:32	支付	1086	第三方支付	个人用户-我的支付-余额支付
15	2022-04-06 22:30:31	支付	1086	第三方支付	个人用户-我的支付-余额支付
16	2022-04-06 22:25:19	充值	100000	第三方支付	个人用户-我的支付-充值
17	2022-04-06 22:28:50	支付	88	第三方支付	个人用户-我的支付-余额支付
18	2022-04-06 22:28:42	支付	888	第三方支付	个人用户-我的支付-余额支付
19	2022-04-06 22:28:28	支付	86	第三方支付	个人用户-我的支付-余额支付
20	2022-04-06 22:27:21	支付	58	第三方支付	个人用户-我的支付-余额支付

图 4-16　业务操作页面

　　对于自身自有资金，个人用户具有自主支配的权利，可随时进行查看、转账、提现、充值等业务的操作。

　　个人用户对交易环节持有异议时，可直接向第三方支付客服提问，协商处理问题，如图 4-17 所示。

图 4-17　与客服进行协商

4.3.5　客服专员、运营专员、风控专员处理交易问题

客服进入客户中心，查看商家用户和个人用户的提问留言，进入交易查询或结算查询查看相关的信息，然后对留言进行回复。客服可以在客户中心进行公司切换和刷新操作，对不同的用户进行回复。

若要申请商品退款，待商家申请退款之后，需要公司的运营专员和风控专员全部通过才生效。通过运营专员审核之后，便由风控专员审核，最终决定是否同意商家的退款申请。拒绝退款后，交易会继续进行，商家与其客户实现收付款；而同意退款申请之后，资金会回到交易买方，即个人用户的账户中。

4.3.6　财务专员结算订单

公司财务专员进行商家结算，结算成功后，商家用户的资金管理账户中会增加相应的金额，如图 4-18 所示。

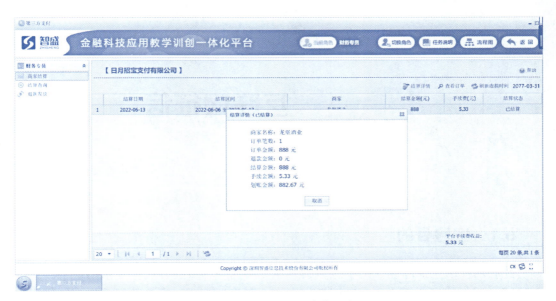

图 4-18　财务专员结算订单

4.3.7　备注

（1）第三方支付模块中，现实时间 60 秒代表虚拟时间 1 天。

（2）系统自带 5 个商品。该第三方支付有限公司下每新增一个商家用户，商品列表中就会新增该商家用户的商品。

（3）一个星期为一个结算区间。这周产生的交易，下周一为该交易的最早可结算时间。财务专员可以结算上周及以前的订单情况。

（4）结算时会扣除 0.6% 的费用。

（5）信用呗会员等级规则：消费 2 000 元（不含）以下为大众会员；2 000 元至 6 000 元（不含）为黄金会员；6 000 元至 18 000 元（不含）为铂金会员；18 000 元以上为钻石会员。

（6）信用呗：未还款账单退款时该笔金额退回信用呗，与账单抵销，不产生负债；已还款后发生退款，因已用余额还清该笔账单，则金额退还至余额。

（7）信用呗停用后，通过充值系统会自动还款，并重新启用信用呗。

第5章 互联网征信

5.1 实验目的

互联网征信是保障互联网金融健康有序发展的一种重要方式。在该模块中，通过创建互联网征信中介机构和互联网征信用户，可模拟互联网征信数据采集、征信用户从发出请求到收到个人征信报告的过程。征信中介机构中包括公司创始人、运营专员、风控专员、客服四种角色。在体验不同角色的过程中，学生可理解征信的运作过程，并了解征信是怎样影响互联网银行、P2P 网贷等业务的。

5.2 实验要求

（1）在数据采集中至少新增征信用户信息。单个征信用户采集的数据至少包含以下信息：基本情况、信用卡信息、购房贷款、其他贷款、担保情况、欠税记录、民事判决记录、强制执行记录、行政处罚记录、电信欠费记录、其他欠费记录。

（2）征信用户至少完成 2 次等级提升。

（3）征信用户在信息服务中至少申请 3 次信用信息。

（4）运营专员至少完成 2 次身份认证。

（5）征信用户至少成功获取 1 次信用信息。

（6）征信用户向互联网征信中介机构客服至少提出 1 次问题。

（7）互联网征信中介机构客服至少回答 1 次征信用户提出的问题。

5.3 实验内容

互联网征信模块实验内容如图 5-1 所示。

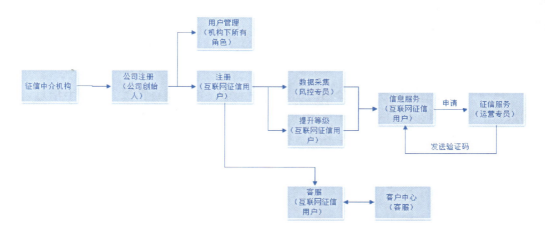

图 5-1　互联网征信流程图

5.3.1　征信中介机构的不同角色

1. 创始人

整个流程的第一步是创建互联网征信过程中的核心企业——×× 互联网征信服务有限公司，需要确定好公司名称、法人、注册资本以及公司地址，如图 5-2 所示。

图 5-2　创始人注册公司

2. 运营专员

信息服务中的互联网征信用户向征信服务中的运营专员申请身份认证，运营专员收到申请后，确认信息并发送验证码给互联网征信用户，互联网征信用户收到验证码后及时输入正确的验证码即可完成身份认证。若互联网征信用户超过 15 分钟没有输入验证码，则验证码过期，需重新申请身份认证。

3. 风控专员

风控专员的主要任务是对公司的信息进行采集，包括基本情况、信用卡信息、购房贷款信息、其他贷款信息、担保情况信息、欠税记录、民事判决记录、强制执行记录、行政处罚记录、电信欠费记录以及其他欠费记录等详细信息，如图 5-3 至图 5-12 所示。

图 5-3 风控专员采集公司基本情况信息

图 5-4 风险专员采集公司信用卡信息

图 5-5　风险专员采集公司购房贷款信息

图 5-6　风险专员采集公司其他贷款情况信息

图 5-7　风险专员采集公司担保情况信息

图 5-8　风险专员收集公司民事判决记录

图 5-9　风险专员收集公司强制执行记录

图 5-10　风险专员收集公司行政处罚记录

图 5-11　风险专员收集公司电信欠费记录

图 5-12　风险专员收集公司其他欠费记录

以上信息采集完成后，系统会进行初步的审核。

4. 客服

（1）公司可以在互联网征信系统上注册和修改客户信息。公司创始人提交了公司注册信息后，客服人员负责审核确认相关信息，如图 5-13 所示。

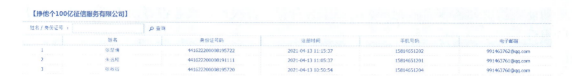

图 5-13　客服审核公司注册相关信息

（2）客户可以通过客服中心和客服进行交谈，客服会解决客户提出的各类问题。

5.3.2　互联网征信用户操作步骤

1. 注册

首先，互联网征信用户需要选定一家征信服务有限公司，然后输入个人必要的身份信息，如身份证号码、姓名、手机号、邮箱等，进行用户注册。注册成功后，如果要修改信息，仅可修改手机号与邮箱，身份证号码与姓名不可修改。

2. 提升等级

征信用户可选择提升自身的安全等级，如图 5-14 所示。安全等级从低等级变为高等级后，征信用户即可查询个人信用信息提示、个人信用信息概要以及个人信用报告。

图 5-14　提升自身安全等级

变更安全等级时用户需要进行身份验证，验证方式可选择银行卡验证（支持身份验证功能的银行卡在发卡机构开户时使用的证件类型为身份证），银行卡身份验证功能支持的储蓄卡（借记卡）有以下几种：工商银行、农业银行、中国银行、建设银行。

该银行卡身份验证的相关操作在中国银联的官方网站上进行，用户需要填写的信息如图 5-15 所示。

图 5-15　银联账户验证页面

信息提交通过验证后，用户将会获得一个由 6 位数字或字母组成的银联验证码，然后用户还需要将该银联验证码以及一串字符验证码填写到相关位置，如图 5-16 所示。

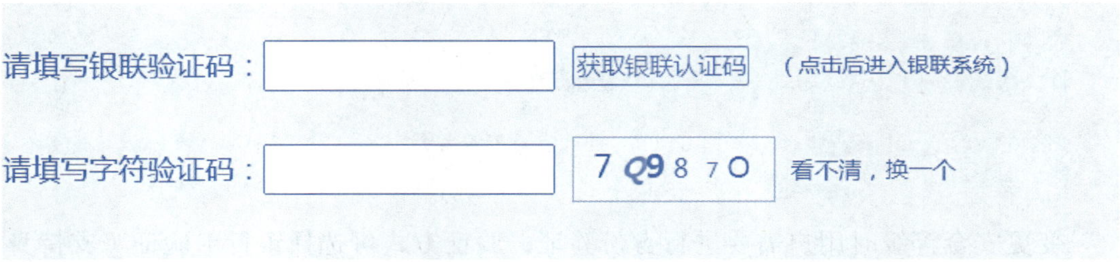

图 5-16　填写银联验证码

用户在银行卡身份验证过程中输入的姓名、身份证号码需与平台注册时填写的内容保持一致，否则无法通过验证。

安全等级变更完成之后，用户可看到如图 5-17 所示的页面。

1
2
3
4
您的安全等级已变更成功！当前安全等级为：高

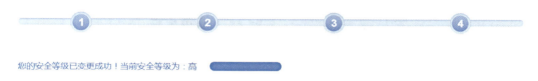

图 5-17　安全等级变更页面

3. 信息服务

3.1　申请信用信息

征信用户可以向征信机构申请信息服务。信息服务中包含的可选择的信用信息如下：

（1）个人信用信息提示：一句话的方式提醒用户在个人征信系统中是否存在最近五年的逾期记录。

（2）个人信用信息概要：展示用户的个人信用状况概要，包括信贷记录、公共记录和查询记录的汇总统计信息。

（3）个人信用报告：展示用户个人信用信息的基本情况，包括信贷记录、公共记录和查询记录的明细信息。

征信用户在申请信息服务时，选择好需要的信用信息之后，需要通过银行卡验证。银行卡验证的相关操作同第二步“提升等级”中银行卡验证的操作一致。页面如图 5-18 所示。

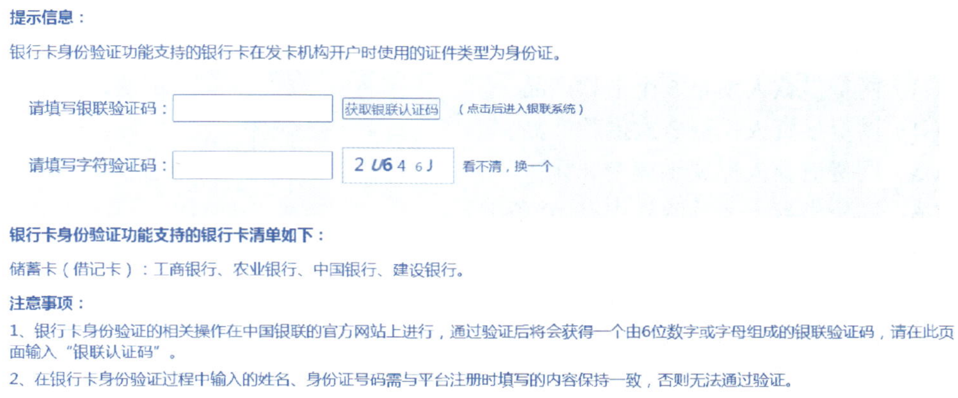

提示信息：
银行卡身份验证功能支持的银行卡在发卡机构开户时使用的证件类型为身份证。
请填写银联验证码：
获取银联认证码
（点击后进入银联系统）
请填写字符验证码：
2 U6 4 6 J
看不清，换一个
银行卡身份验证功能支持的银行卡清单如下：
储蓄卡（借记卡）：工商银行、农业银行、中国银行、建设银行。
注意事项：
1、银行卡身份验证的相关操作在中国银联的官方网站上进行，通过验证后将会获得一个由6位数字或字母组成的银联验证码，请在此页面输入“银联认证码”。
2、在银行卡身份验证过程中输入的姓名、身份证号码需与平台注册时填写的内容保持一致，否则无法通过验证。

图 5-18　银行卡验证

3.2　获取信用信息

客户可以通过运营专员获取信用信息。

第 6 章　P2P 网贷

6.1　实验目的

P2P 网络信贷是中国互联网金融的分支行业，以互联网平台为载体实现个人对个人（peer-to-peer）的借贷服务。中小企业主与个人根据自身融资需求，通过网贷公司严格的风控审核后，与平台另一端的投资人对接，一方面降低了中小企业与个人信贷的融资成本，另一方面为有闲散资金的投资人提供了多样化的理财产品。该模块中学生通过模拟 P2P 网贷公司、网贷借款人、网贷投资人等不同的角色，营造仿真网贷交易环境，从而了解并学习 P2P 网贷公司的运作过程和原理，加深对 P2P 网络信贷的认识。

6.2　实验要求

（1）网贷借款人提现 1 次。

（2）网贷投资人提现 1 次。

（3）网贷借款人发布 5 个借款产品。

（4）网贷投资人投资 3 次借款产品。

（5）网贷借款人提现手续费 8 元。

（6）网贷借款人还款明细中有 10 条记录。

（7）网贷投资人提现手续费 5 元。

（8）网贷借款人与客服完成 1 次提问回答的互动操作。

（9）网贷投资人与客服完成 1 次提问回答的互动操作。

（10）网络借贷平台公司收取管理费 5 元。

（11）完成 1 次个人信用等级评测。

（12）网贷借款人还清 1 个至少 1 000 元的借款产品。

6.3　实验内容

6.3.1　流程说明

该模块角色分为三部分：P2P 网贷平台、网贷投资人和网贷借款人。其中 P2P 网贷平台共有 5 个角色，分别为公司创始人、风控专员、运营专员、财务专员和客服专员。

（1）公司创始人注册公司，网贷投资人与网贷借款人注册用户。

（2）借款人充值金额至网贷平台账户，并完善借款资料，通过"我要借款"发布借款项目，由相应的角色进行审核，审核通过后方为发布成功。

（3）投资人充值金额至网贷平台账户，可以查看所有网贷借款人的项目，并对项目进行投资，项目到期后可以获取相应的投资回报。

6.3.2　备注

（1）借款产品提交后，由风控专员审批之后方可发布。

（2）借款产品发布后，有 10 分钟筹资时间，若倒计时结束时未满标，则流标。

（3）产品满标后，需由运营专员审批后方正式生效；产品流标状态下，经运营专员审批后，投资人的投资金额将按原路返还。

（4）借款期限为短期的产品，以实际时间的 1 分钟代表虚拟时间的 1 天。

（5）借款期限为长期的产品，以实际时间的 2 秒代表虚拟时间的 1 天。

6.3.3　实验步骤

1. 网贷公司注册

首先切换到公司注册人角色，点击"公司注册"，填写公司相关资料。此处银行账号最好与注册钱包时的银行账号、开户行（如图 6-1 所示）相同。

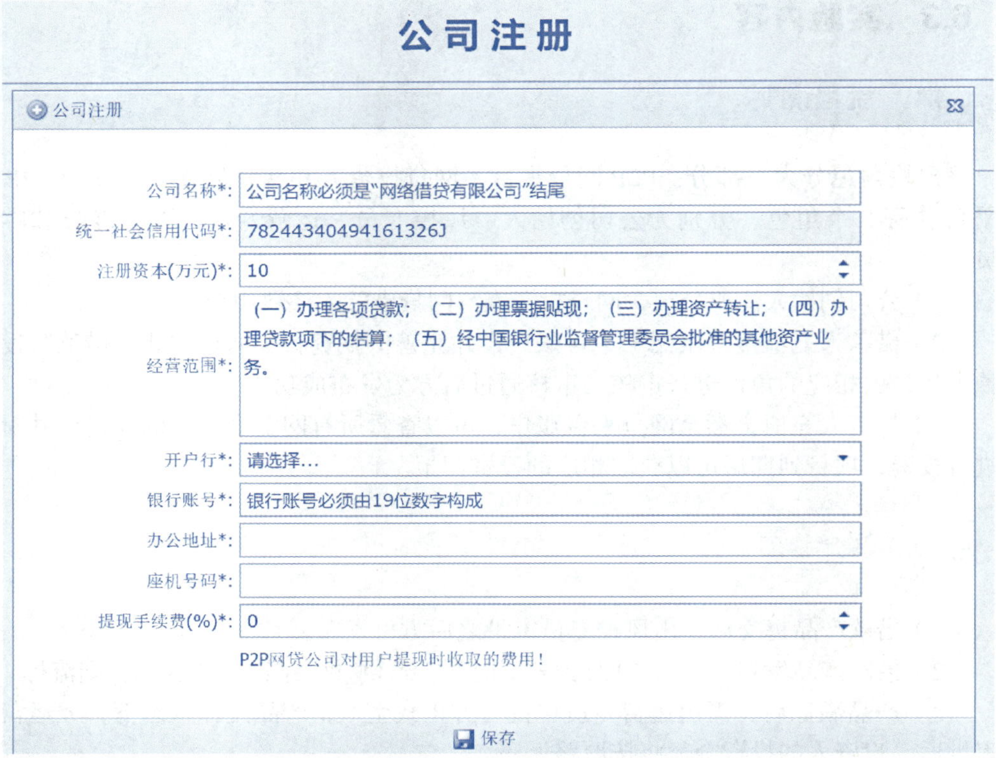

公司注册
公司注册
公司名称*:
公司名称必须是"网络借贷有限公司"结尾
统一社会信用代码*:
78244340494161326J
注册资本(万元)*:
10
经营范围*:
（一）办理各项贷款；（二）办理票据贴现；（三）办理资产转让；（四）办理贷款项下的结算；（五）经中国银行业监督管理委员会批准的其他资产业务。
开户行*:
请选择...
银行账号*:
银行账号必须由19位数字构成
办公地址*:
座机号码*:
提现手续费(%)*:
0
P2P网贷公司对用户提现时收取的费用！
保存

图 6-1　注册网贷公司

班级名称: 2061华南农业大学
运营模式: 个人模式
我的钱包: ¥30,000,000.00
资金流水: 查看详情
当前计划: 2061GR-N
我的钱包
中国银行
BANK OF CHINA
卡　　号：6263855031074749157
持 卡 人：用户1
开卡时间：2024年06月26日
可用余额：30,000,000.00元
关闭

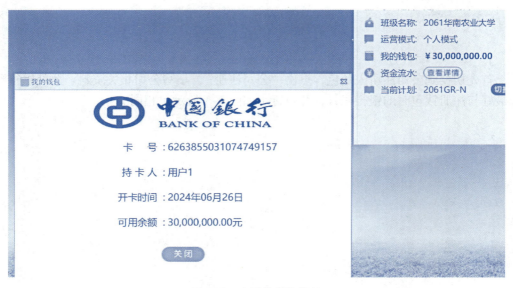

图 6-2　注册钱包的银行

2．借款人、投资人注册

分别切换到借款人、投资人角色，点击右上角"注册"按钮进行注册。注意身份证号为 18 位，手机号为 11 位，否则注册不成功。此处的支付密码将会用于之后步骤的提现，过程如图 6-3、图 6-4 所示，并选择对应的投资人和借款人，点击右上角的"锁定"按钮。

图 6-3　借款人注册

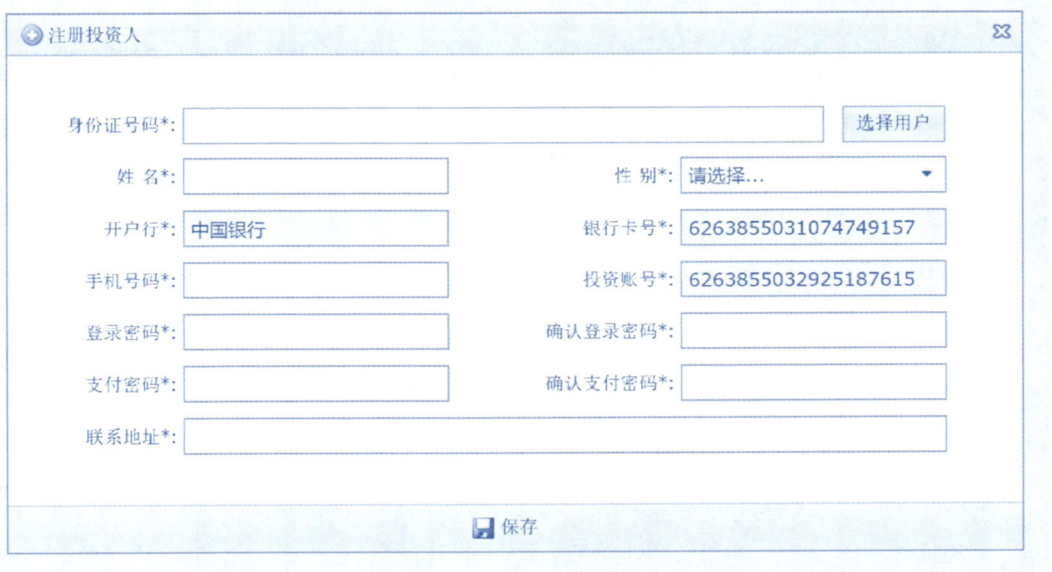

图 6-4　投资人注册

3. 网贷借款人和投资人完成 1 次提现

借款人和投资人的操作步骤相同。先点击"充值"按钮，输入充值金额、支付密码并选择"银行卡"为转入方式，点击"确认"，钱款从平台转到借款人和投资人。再点击"提现"按钮，输入提现金额和支付密码，并选择"银行卡"为转入方式。转到财务专员的角色，选择该条"待审核"记录并点击"审核"，随后弹出"正确"选项并点击，即实现借款人和投资人的提现行为。

图 6-5 借款人充值

图 6-6 财务专员借款管理

4. 网贷借款人发布借款产品

网贷借款人发布借款产品之前，必须作为互联网征信用户在互联网征信模块进行注册，提交申请，完善信用评级，如图 6-7 所示。

图 6-7　互联网征信用户注册

之后由风控专员审核相关的企业或个人的信用额度，审核通过之后就可作为网络借款人发布借款产品，如图 6-8、图 6-9 所示。

图 6-8　风险专员额度管理

图 6-9　网贷借款人借款资料

借款产品由于发布人不同可分为企业借款和个人借款。企业借款最低的借款额度为 10 000 元，而个人借款最低可只借 50 元。另外借款类型因时间长短可分为短期借款和长期借款，短期借款还款方式只能选择到期一次性还款，而长期借款能够选择分月还款或者到期一次性还款。网贷借款人选择需要利率以及借款时间、借款产品类型、借款金额和还款方式，说明借款的用途和项目之后就可以发布所需借款了，如图 6-10、图 6-11 所示。

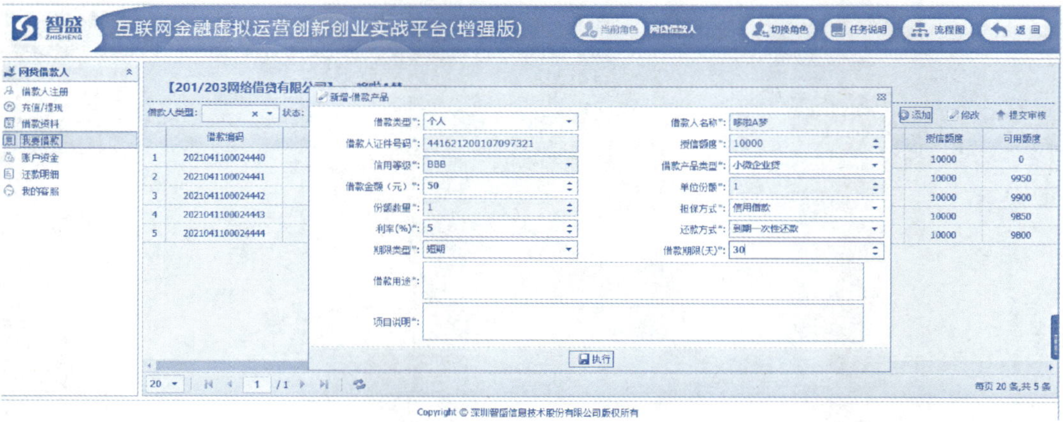

图 6-10　选择借款产品

图 6-11　选择借款产品之后提交审核

5. 网贷投资人投资产品

　　网贷借款人发布了借款产品后，必须由风控专员审核网贷借款人发布的借款产品，审核通过后借款产品就可在市场上供投资者选择，如图 6-12 所示。

图 6-12　风控专员负责借款管理

　　网贷投资人选择合适的借款产品之后就可进行投资。网贷投资人投资借款产品能够获得利息收入，如图 6-13、图 6-14 所示。整个流程由征信公司做信用评级，风控专员把控借款审核，安全性较高。

图 6-13　网贷投资人选择投资（1）

图 6-14　网贷投资人选择投资（2）

6.3.4　网贷借款人提现手续费 8 元

设置公司创始人的手续费费率为 0.8%，网贷借款人提现 1 000 元，手续费为 8 元，完成任务操作，如图 6-15、图 6-16 所示。

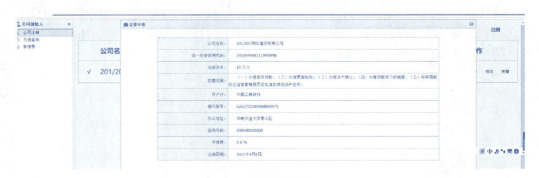

图 6-15　手续费费率 0.8%

图 6-16　财务专员提现管理

6.3.5　网贷借款人还款明细中有 10 条记录

（1）生成一个长期借款项目，设置按月还款，如图 6-17 所示。

图 6-17　设置借款产品按月还款

（2）切换角色为"风控专员"，审核借款信息，如图 6-18 所示。

图 6-18　风控专员审核借款信息

（3）切换角色为"运营专员"，对借款项目进行复审，如图6-19所示。

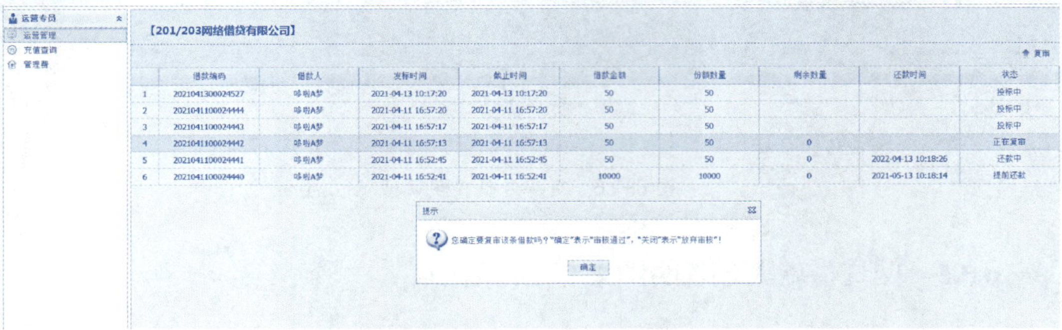

图6-19 运营专员复审

（4）切换角色为"网贷借款人"，查看自行生成的还款明细，如图6-20所示。

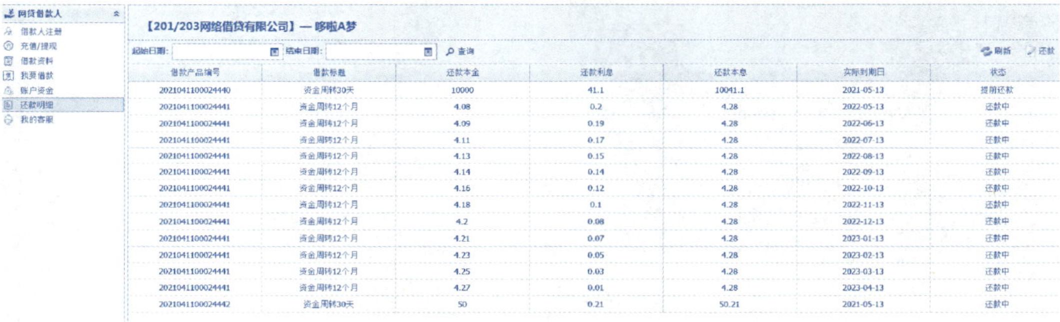

图6-20 还款明细

6.3.6 网贷投资人提现手续费5元

（1）切换角色到"网贷投资人"，提现625元，手续费为提现金额的0.8%，即5元。
（2）切换角色到"财务专员"，审核通过，完成操作，如图6-21所示。

图6-21 网贷投资人提现

图 6-22　财务专员提现管理

6.3.7　网贷借款人与客服完成 1 次提问回答的互动操作

（1）切换角色，选择"网贷借款人"，在菜单栏选择"我的客服"，接下来就可以发送想要咨询的问题，如图 6-23 所示。

图 6-23　向客服咨询问题

（2）切换角色，选择"客服专员"，在菜单栏里选择"客户中心"，选择"网贷借款人"选项并选择角色进行回答，如图 6-24 所示。

图 6-24　客服专员回答问题

6.3.8　网贷投资人与客服完成 1 次提问回答的互动操作

（1）切换角色，选择"网贷投资人"，在菜单栏选择"我的客服"，接下来就可以发送想要咨询的问题，如图 6-25 所示。

图 6-25　向客服咨询问题

（2）切换角色，选择"客服专员"，在菜单栏里选择"客户中心"，选择"网贷投资人"选项并选择角色进行回答，如图 6-26 所示。

图 6-26　客服专员回答问题

6.3.9　网络借贷平台公司收取管理费 5 元

管理费是指申请投资人投资成功之后向借款人收取的管理费（2.5%/ 月）。借款人发布借款产品，投资人在 10 分钟之内投资成功，借款产品经运营专员审批后正式生效，生效后系统自动收取相关管理费用。

6.3.10　完成 1 次个人信用等级评测

（1）切换角色，选择"网贷借款人"，在菜单栏点击"借款资料"，选择"个人信用等级评测"，进行等级评测的问卷回答，然后提交，如图 6-27 所示。

图 6-27　信用等级评估

6.3.11　网贷借款人还清 1 个至少 1 000 元的借款产品

角色切换到"网贷借款人"，点击"还款明细"，选择其中一条记录进行还款操作，输入支付密码完成还款后，记录状态由"还款中"变为"提前还款"，如图 6-28、图 6-29 所示。

图 6-28　在还款明细中显示提前还款

图 6-29　还款详情

第 7 章　众筹

7.1　实验目的

众筹是一种新兴的互联网融资模式，给资金短缺的企业和个人提供了一个便捷的融资渠道。该模块通过设置众筹平台运营管理人、奖励（公益）众筹发起人、股权众筹发起人、投资人等角色，模拟众筹的运作过程。众筹发起人在平台上发起众筹项目，投资人查看项目信息并投资。学生在这个过程中了解互联网融资的特点，充分体会到互联网这一平台的便捷性等优势。

7.2　实验要求

（1）奖励（公益）众筹发起人至少发起 2 个奖励（公益）众筹项目，并提交审核。
（2）奖励（公益）众筹发起人向众筹平台客服至少提出 1 次问题。
（3）众筹平台客服至少回答 1 次奖励（公益）众筹发起人提出的问题。
（4）股权众筹发起人至少发起 2 个股权众筹项目，并提交审核。
（5）股权众筹发起人向众筹平台客服至少提出 1 次问题。
（6）众筹平台客服至少回答 1 次股权众筹发起人提出的问题。
（7）在项目管理中，运营专员至少审核并通过 3 次众筹项目申请。
（8）在项目管理中，运营专员至少审核并拒绝 1 次众筹项目申请。
（9）至少有 5 个众筹投资人完成认筹资格认证。
（10）至少有 3 个众筹投资人申请领投资格成功。
（11）至少有 1 个众筹投资人申请领投资格失败。
（12）众筹投资人至少领投成功 3 个项目，并且项目融资成功。
（13）众筹投资人至少领投成功 1 个项目，并且项目融资失败。
（14）众筹投资人至少跟投 1 个项目，并且项目融资成功。
（15）众筹投资人至少跟投 1 个项目，并且项目融资失败。
（16）至少有 1 个奖励（公益）众筹项目在融资期限内众筹成功。

（17）至少有 1 个众筹成功的奖励（公益）众筹项目有 3 个或以上的投资人。

（18）至少有 1 个奖励（公益）众筹项目在融资期限内众筹失败。

（19）有 1 个奖励（公益）众筹项目成功筹资至少 10 000 元。

（20）至少有 1 个股权众筹项目众筹成功。

（21）至少有 1 个众筹成功的股权众筹项目有 2 个或以上的投资人。

（22）至少有 1 个股权众筹项目众筹失败。

（23）至少有 1 个股权众筹项目筹集资金成功，总额超过 600 000 元。

（24）股权众筹发起人至少发布 1 次股权众筹项目动态。

（25）众筹投资人至少对众筹项目发布 2 次评论信息。

（26）股权众筹发起人至少回应 1 次投资人对众筹项目的评价。

（27）股权众筹发起人至少对股权众筹项目进行 1 次收益分配。

（28）至少有 1 个投资者在收益分配中获得的总收益超过 50 000 元。

（29）众筹投资者在领投时至少使用第三方支付方式支付 1 次。

（30）众筹项目成功后，运营专员至少放款 3 次给发起人。

（31）众筹项目失败后，运营专员至少退款 1 次给投资人。

（32）至少完成 2 次奖励（公益）众筹发起人的提现操作。

（33）至少完成 1 次股权众筹发起人的提现操作。

（34）众筹投资人向众筹平台客服至少提出 2 次问题。

（35）众筹平台客服至少回答 1 次众筹投资人提出的问题。

7.3 实验内容

众筹模式的核心是众筹平台，它连接了大众投资人和融资企业或个人。大众通过众筹平台了解筹资的信息和金额，并通过平台与筹资人进行沟通。该实验通过网站模拟众筹平台，研究众筹在互联网金融中的实际操作，了解创始人、奖励众筹发起人、股权众筹发起人、众筹投资人等在现实中众筹各个环节的作用和意义。股权众筹流程图如图 7-1 所示，奖励众筹流程图如图 7-2 所示，平台运营管理流程图如图 7-3 所示。

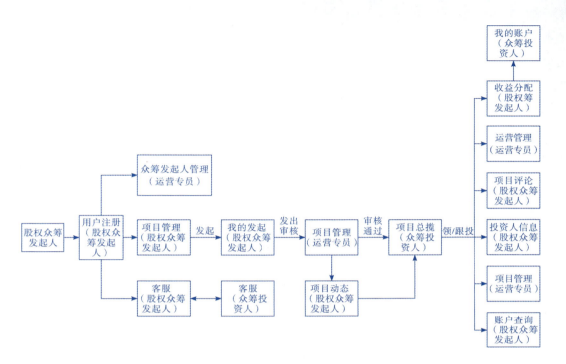

图 7-1　股权众筹流程图

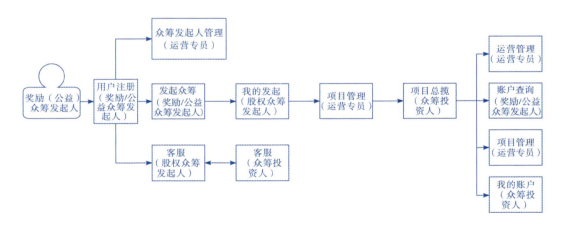

图 7-2　奖励众筹流程图

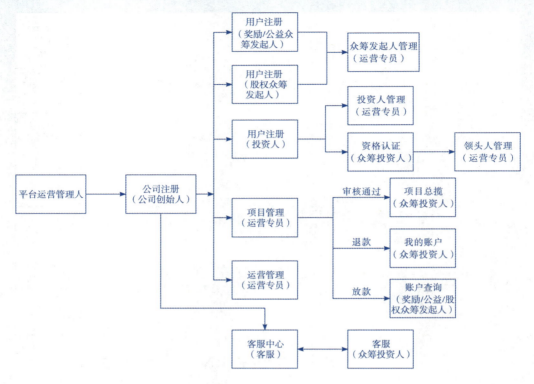

图7-3 平台运营管理流程图

7.3.1 创始人和众筹发起人

1. 创始人

公司创始人首先需要在平台注册公司，完善公司信息，如图7-4所示。公司名称、注册金额、统一社会信用代码、座机号码、办公地址和经营范围等公司基本信息，都要在注册公司前明确。公司创始人完成注册公司的步骤后才能进行下面的一系列操作。

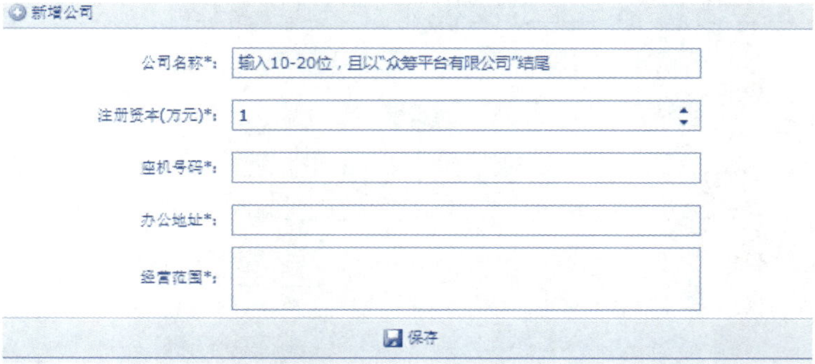

图7-4 平台新增公司

2. 众筹发起人

（1）众筹发起人首先需要注册用户账号，用户账号分为个人和企业两种类型。

个人类型需要填写身份证号码、开户行、银行卡账号、手机号码、登录和支付密码等基本信息。

企业类型需要填写公司名称、统一社会信用代码、开户行、银行卡账号、座机号码、登录和支付密码等基本信息。

每个用户都需要保证信息填写的完整性和准确性，登录密码和支付密码要记牢。

（2）注册完成之后在用户页面锁定发起人的账号，然后就可以发起自己的众筹项目。众筹项目发起前需要填写基本信息、项目信息、详细信息和回报信息。

（3）若为个人用户发起的众筹项目，首先需要认证用户的基本信息，选择该项目的所属行业和项目类型，同时提交身份证照片。下一步设置封面，填写项目名称、筹款目的、项目地点、筹资金额和筹资天数。详情信息包括项目详情、支持理由及资金用途和可能存在的风险。回报信息包括支持的金额、回报标题和内容、人数上限、运费设置和回报时间。

若为企业用户发起的众筹项目也需要填写机构名称、统一社会信用代码、法人姓名、座机号码、地址、所属行业、项目类型和证件材料等基本信息。项目信息、详情信息和回报信息的填写内容与个人用户发起的众筹项目一致。

（4）将该项目提交审核，由项目管理的运营专员进行审核。对项目进行审核时，运营专员需要对个人的奖励/公益众筹发起人进行个人征信的审核，个人征信信用达到一定等级评分才能成功发起众筹项目，如图 7-5 所示。企业众筹的项目则不需进行这一步。

项目信息	项目类型	筹资进度	项目状态	结算状态	操作
项目编号：JL18278292　添加时间：2021/4/13 9:20:11					
111	公益众筹	融资金额：516　已融金额：0　0%	草稿箱	不可结算	提交审核　编辑　预览
项目编号：JL46658100　添加时间：2021/4/13 9:10:54					
ttt	公益众筹	融资金额：622　已融金额：300　48%	融资失败	不可结算	预览

图 7-5　项目审核

（5）项目发起成功后，投资人将对项目进行投资，若众筹项目在融资期限内完成款项的筹集，则众筹发起人可以进行结算操作，在账户查询页面可以查看"我的资产"，也可以进行提现，经过平台运营专员审核后可以拿到相应的款项，如图 7-6 所示。

图 7-6　查看公司资产

任何针对项目和操作的疑问，我们都可以点击最后一栏"我的客服"进行询问，得到对应的回答，如图 7-7 所示。

图 7-7　咨询客服

7.3.2　运营专员和客服专员

运营专员的主要任务是进行众筹发起人管理、投资人管理、项目管理以及运营管理。

众筹发起人管理：众筹发起人发起众筹，运营专员要对项目进行资格审核，审核通过的项目进入下一个环节，审核不通过的项目要退回并说明原因。

投资人管理：审核通过的项目经领投人领投时，要对领投人进行管理，对领投人的领投资格进行审核。

项目管理：对通过的项目进行管理，在项目筹集资金成功时放款给项目发起人，并对项目进行后续跟踪管理。项目若未在规定期限内筹集到所需资金，则项目众筹失败，运营专员需要把钱退回到投资人账户中。

运营管理：运营专员需要解决众筹平台运营过程中遇到的问题，以保证平台的正常运行。客服专员答复各类人员在操作过程中遇到的问题。

7.3.3 众筹投资人

投资人在众筹中起着非常重要的作用，因为项目融资的成败决定了众筹项目的成功与否。投资人根据已有的通过审核的众筹项目进行领投和跟投。如果投资人在既定融资时间内的投资金额达到该众筹项目的目标金额，则融资成功，否则融资失败，已融资的金额将退回到投资人账户中。众筹投资人的操作步骤如下：

1. 用户注册

要想成为众筹投资人，首先要在众筹平台有限公司进行用户注册。此过程需要输入真实姓名、身份证号码、开户行信息、银行卡账号、手机号码、登录密码和支付密码。由于投资人需要在此实验中起到领投和跟投的作用，根据实验要求，需要注册5个用户身份，如图7-8所示。

图 7-8　众筹投资人注册

2. 资格认证

投资人的认筹资格和领投资格需要申请并经过运营专员的审核通过才可获得。该实验需要至少有 5 个众筹投资人完成认筹资格认证和至少有 3 个众筹投资人申请领投资格成功，如图 7-9 所示。

图 7-9　投资人的认筹资格和领投资格申请

对符合领投资格（最低出资比例：5%）的投资人的资质要求，满足以下任一条件即可：

a. 2 年以上基金经理级以上岗位从业经验;

b. 2 年以上创业经验(只限第一创始人经验);

c. 3 年以上企业总监级以上岗位工作经验;

d. 5 年以上企业经理级以上岗位工作经验;

e. 2 个以上投资案例。

3. 账户查询

投资人需要查询自己与众筹相关的银行账户是否有足够的金额可继续投资,及时进行充值。

4. 项目总览

投资人可在公司平台上查看正在进行的众筹项目,在融资时间内进行领投或跟投。如果项目在融资时间内筹资到目标金额,则领投或跟投成功、项目成功,否则融资失败,融资金额会退回到投资人账户中,如图 7-10 所示。

	项目名称	项目类型	项目状态	总集资金额(元)	当前集资金额(元)	我的投资类型	我的投资金额(元)
1	123456789	股权众筹	项目已完成	500000	500000	领投	200000
2	123456789	股权众筹	项目已完成	500000	500000	跟投	200000
3	123456789	股权众筹	项目已完成	500000	500000	跟投	100000
4	132135466	股权众筹	融资失败	500000	100000	领投	100000
5	房地产开发——碧桂园	股权众筹	项目已完成	500000	500000	领投	200000
6	缤分一线牵	股权众筹	项目已完成	500000	500000	领投	200000
7	区块链结合项目	股权众筹	项目已完成	700000	700000	领投	100000

图 7-10 投资人项目总览

5. 客服咨询

对众筹项目、资格认证或投资过程中有疑惑的地方可联系客服,提出问题,与客服沟通解决。

备注:

(1)众筹模块中现实时间的 1 秒等于虚拟时间的 2 小时。

(2)审核。个人的奖励 / 公益众筹项目,必须要能查看发起人的征信报告。

(3)放款与退款。众筹项目成功后,运营专员放款,融资金额打进发起人的账户;众筹项目失败后,运营专员退款,融资金额返回投资者的账户。

(4)如果众筹项目融资成功,平台运营专员放款,融资金额即进入发起人的账户;如果众筹项目融资失败,平台运营专员退款,融资金额即退回投资人的付款账户。

(5)收益分配。每次设置的项目总收益金额必须大于 0,小于等于筹资金额的 5 倍;一个项目最多设置 10 次分红。

(6)分红时设置项目总收益后,管理者分享 15%,剩余 85% 的可分红资金按投资比例分配给投资者,可分红收益 = 项目总收益 × (1-15%)。

(7)管理费。众筹平台的管理费率为 5%。众筹项目成功后在放款时,会扣掉 5% 的管理费。

第8章 互联网银行

8.1 实验目的

互联网银行是对传统银行颠覆性的变革，是未来金融格局的再造者，是时代发展的方向。在互联网银行模块，通过创建互联网银行、个人客户、企业客户三个主要角色，学生得以虚拟运营互联网银行业务在个人客户与企业客户之间的投资、理财、贷款等运作过程，从而深入学习互联网银行，掌握互联网银行的特点和功能。

（1）了解互联网银行的产生和历程、发展现状及相关技术。

（2）掌握互联网银行运营的基本内容、基本组成、主要类型及基本功能，通过实验熟悉互联网银行的特点及其业务流程。

（3）认识互联网银行的组成、应用模式及业务操作，并能实际体会和了解互联网银行的优势及劣势。通过实验更加了解互联网银行的金融业务开展情况，加强对互联网银行应用体系的了解。

8.2 实验要求

互联网银行下包括公司创始人、产品经理、风控专员、财务专员、客服专员五个角色，不同的角色有不同的分工。

（1）产品经理至少发布 5 个理财产品。

（2）产品经理至少发布 2 个投资产品。

（3）产品经理至少发布 2 个贷款产品。

（4）个人客户完成 2 次风险评估测试。

（5）个人客户至少从绑定的银行卡转入 2 笔资金到互联网银行账户。

（6）个人客户至少从互联网银行账户转出 3 笔资金到绑定的银行卡。

（7）个人客户至少购买 5 次理财产品。

（8）个人客户至少赎回 2 次理财产品。

（9）至少有 1 个个人客户购买理财产品的收益总额在 1 888 元以上。

（10）个人客户至少购买 2 次投资产品。

（11）个人客户至少赎回 1 次投资产品。

（12）至少有 1 个个人客户购买投资产品的收入额与投资差额在 2 500 元以上。

（13）个人客户至少有 1 个月存入 5 000 元的工资到互联网银行账户。

（14）个人客户设定自动还房贷，至少有 1 个月还款 2 988 元。

（15）个人客户向客服至少提出 1 次问题。

（16）客服至少回答 1 次个人客户提出的问题。

（17）企业客户至少从互联网银行账户转出 1 笔资金到绑定的银行卡。

（18）企业客户至少申请 2 次贷款额度。

（19）个人客户至少申请 2 次贷款额度。

（20）风控专员至少审批 1 次信用额度申请。

（21）企业客户至少申请 1 笔还款方式为到期 1 次还款的贷款。

（22）企业客户至少申请 1 笔还款方式为等额本息还款的贷款。

（23）个人客户至少申请 1 笔还款方式为到期 1 次还款的贷款。

（24）个人客户至少申请 1 笔还款方式为等额本息还款的贷款。

（25）风控专员至少审批通过 1 次贷款申请。

（26）风控专员至少审批 1 次贷款申请不通过。

（27）财务专员至少发放 3 次贷款。

（28）企业客户至少贷款成功 1 次。

（29）企业客户至少被财务专员拒绝贷款 1 次。

（30）个人客户至少贷款成功 3 次。

（31）个人客户至少被财务专员拒绝贷款 1 次。

（32）企业客户至少成功还清 12 期贷款。

（33）个人客户至少成功还清 18 期贷款。

（34）企业客户向客服至少提出 1 次问题。

（35）客服至少回答 1 次企业客户提出的问题。

（36）个人客户在购买理财产品时，至少使用第三方支付方式支付 1 次。

（37）个人客户在还贷款时，至少使用第三方支付方式支付 1 次。

（38）至少有 1 个个人客户总资产达 5 万元以上。

（39）至少有 1 个企业客户总资产达 10 万元以上。

8.3 实验内容

8.3.1 主要流程说明

（1）公司创始人注册公司，个人客户和企业客户创立银行账户。

（2）产品经理发布理财产品、投资产品和贷款产品。

（3）个人客户买入、卖出理财产品和投资产品。

（4）个人客户和企业客户申请贷款额度，申请贷款产品并还款。

（5）个人客户操作存工资和还房贷。

本组实验首先由产品经理研发发布新产品。其间，产品经理与研发部门、生产部门之间最频繁的接触可能发生于新产品开发阶段。产品经理必须依赖生产部门制造出价格和质量都合适的产品，并且及时传递给顾客。产品经理需要同各个具体操作部门联络，了解新产品的可操作性、估计未来的生产能力和效率。产品经理将代表顾客意愿，平衡投资回报率、顾客满意度和生产成本三者间的关系，建立各方均可接受的质量标准和服务标准。

备注：

（1）互联网银行模块现实时间的 1 秒代表虚拟时间的 1 天。

（2）理财产品作废后，个人客户将不能再购买，已购买的到期可以赎回。

（3）投资产品新增成功后，有 5 分钟的认购时间，5 分钟后进入封闭期，封闭期结束后可以申购和赎回。

（4）从投资产品封闭期的第一天起，基金走势开始产生。

（5）每支基金的最长时间是 10 年，10 年后基金自动作废。

（6）基金作废后，基金产品停止认购，已持有的份额可以按照基金作废日的价格赎回。

（7）赎回投资产品后，请点击查看"赎回详情"，才能刷新收入额与投资差额。

（8）贷款产品作废后，不可以再申请这款产品的贷款，已申请并且风控专员审批通过的可以正常放贷、还贷。

（9）审批信用额度和审核贷款申请的时候，个人客户需要提供个人征信报告，企业客户不需要提供征信报告。个人征信报告需要在征信模块中注册并采集个人数据，所提供的个人征信报告必须来自申请贷款额度时所选择的征信公司。

（10）发放贷款时，个人客户需要提供个人征信报告，企业客户不需要提供征信报告。个人征信报告需要在征信模块中注册并采集个人数据，所提供的个人征信报告必须来自申请贷款额度时所选择的征信公司。

（11）还款方式为银行托收时，必须要点击打开"还款详情"才能自动扣款。

（12）个人客户最多只能提交 5 次还房贷数据。

（13）贷款额度为循环额度，已经使用的额度还款后会恢复额度；已申请的贷款在未审核前可以撤销。

（14）理财产品计算：收益 = 金额 × 预期年化收益率 /365 × 投资天数（现在日期 – 投资开始日期），最长投资天数为产品中的投资期限。

（15）投资产品计算：

申购费用 = 申购金额 – 申购金额 /（1+ 申购费率）；

$$申购份额 =（申购金额 - 申购费用）/ 最新单位净值；$$

$$赎回费用 = 赎回份额 × 赎回单位净值 × 赎回费率；$$

$$可得赎回金额 = 赎回份额 × 赎回单位净值 - 赎回费用；$$

$$最新市值 = 持有份额 × 最新单位净值；$$

$$收入额与投资差额 = 所有赎回金额 - 所有申购金额。$$

8.3.2　个人客户

（1）个人客户开立互联网银行账户，点击"开立互联网银行账号—注册—选择个人信息"。点击左侧"风险评估"，填写问卷，对个人客户进行风险评估，如图 8-1 所示。

图 8-1　风险评估

（2）个人客户转入 / 转出资金。选择个人客户转入 / 转出资金，如图 8-2 所示。

图 8-2　个人客户转入资金

（3）个人客户（理财）。产品经理发布理财产品，如图 8-3 所示。

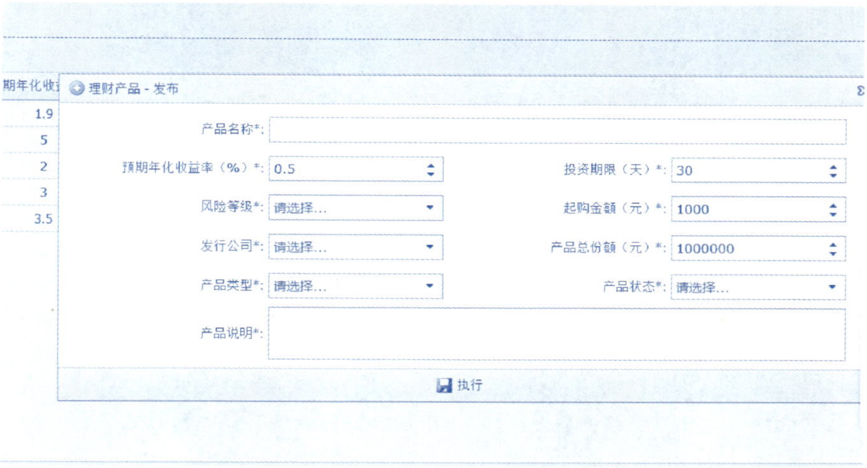

图 8-3　产品经理发布理财产品

（4）个人客户购买理财产品，如图 8-4 所示。

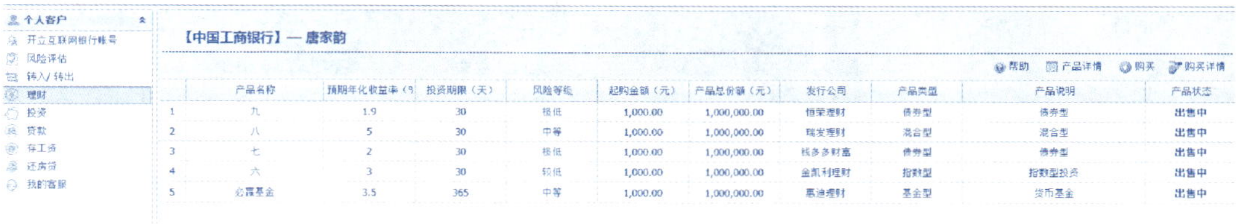

（1）

（2）

图 8-4　个人客户购买理财产品

（5）个人客户（投资）。产品经理发布投资产品，如图8-5所示。

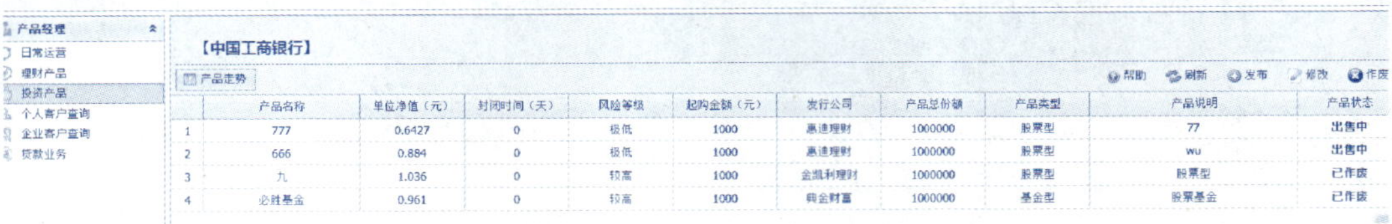

图8-5　产品经理发布投资产品

（6）个人客户购买投资产品。点击"投资"，操作如图8-6所示。

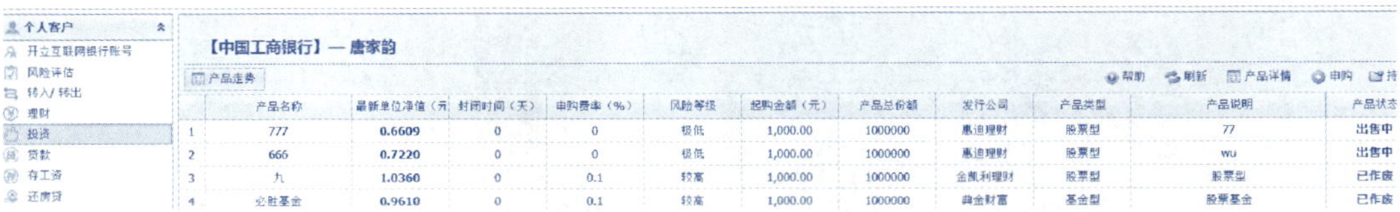

（1）

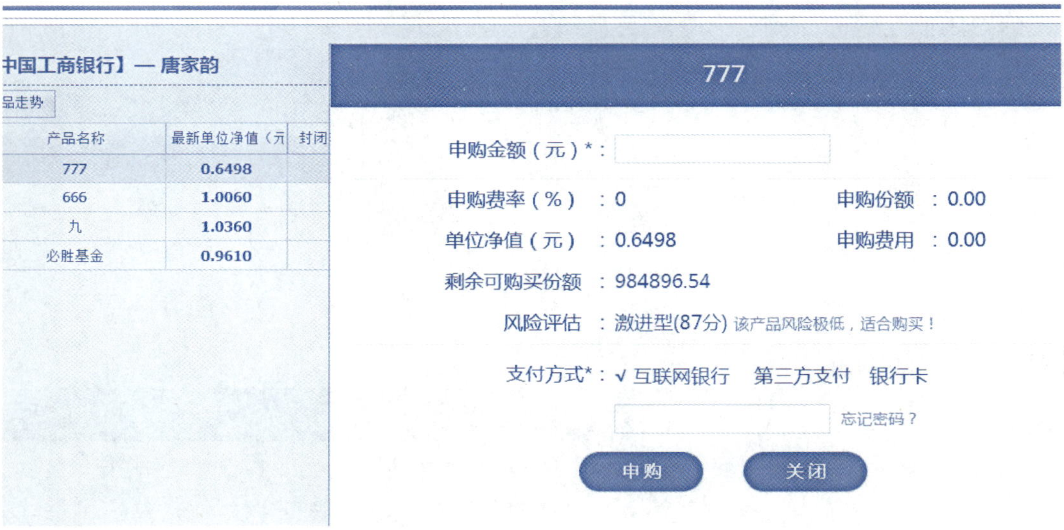

（2）

图8-6　个人客户购买投资产品

　　个人有时需要资金，这时候就需要去银行贷款，贷款首先需要申请额度，如图8-7所示。完成额度先要进行征信评估、用户注册和数据采集，接着风控专员需要审批能否通过，通过和拒绝都需要写上理由，最后财务专员发放贷款时再进行一次审核，通过和拒绝都需要写上理由。客户在几个工作日后可以去查看自己的申请进度。

图 8-7　我的额度

（7）点击"存工资"，设定几号存工资，每月存多少钱进银行，如图 8-8 所示。

图 8-8　存工资

（8）点击"还房贷"，设定"几号还房贷""每月还多少""还贷开始日期""还贷期数"，如图 8-9 所示。

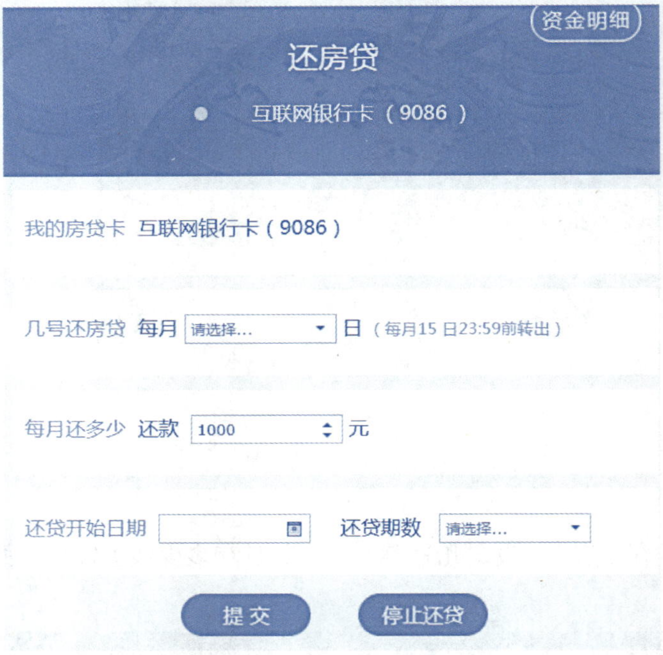
资金明细
还房贷
互联网银行卡（9086 ）
我的房贷卡 互联网银行卡（9086）
几号还房贷 每月 请选择... 日（每月15 日23:59前转出）
每月还多少 还款 1000 元
还贷开始日期 还贷期数 请选择...
提 交
停止还贷

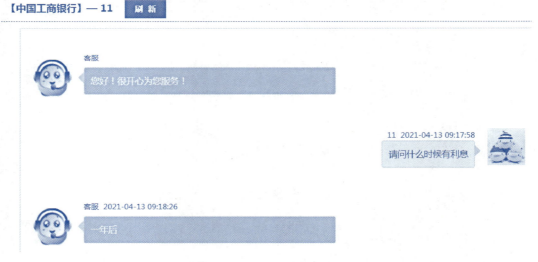

图 8-9 还房贷

（9）点击“我的客服”，将需要咨询的问题发给客服，如图 8-10 所示。

【中国工商银行】— 11
刷 新
客服
您好！很开心为您服务！
11 2021-04-13 09:17:58
请问什么时候有利息
客服 2021-04-13 09:18:26
一年后

图 8-10 向客服咨询问题

8.3.3　企业客户

互联网银行企业客户操作流程图如图 8-11 所示。

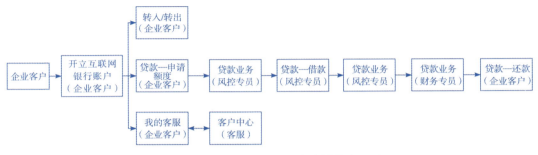

图 8-11　互联网银行企业客户操作流程图

（1）开立互联网银行账户。选择企业客户角色，点击"开立互联网银行账号"，点击"注册"，如图 8-12 所示。

图 8-12　开立互联网银行账户

（2）转入 / 转出。点击"转入 / 转出"，输入支付金额和支付密码，完成转入 / 转出，如图 8-13、图 8-14 所示。

图 8-13　转入资金

| 企业资产 | **100,240.82** 元 | | 转入　转出　资金流水 |

转出银行：　中国工商银行

转出金额：　　　　　　　　　元
当前余额：100,240.82 元

支付密码：　　　　　　　　　忘记密码？

提交

图 8-14　转出资金

（3）贷款—申请额度。点击"贷款业务"，点击"申请额度"，在线填写资料，获取信用额度，等待审批，如图 8-15 所示。

图 8-15　申请贷款额度

（4）贷款业务—风控专员。选择风控专员角色，点击"贷款业务"，通过审批，发放贷款，如图 8-16 所示。

图 8-16　发放贷款

（5）贷款业务——财务专员。财务专员对申请贷款的企业客户进行信用审核，如图 8-17 所示。

图 8-17　信用审核

（6）还款。贷款到期，企业客户进行还款，如图 8-18 所示。

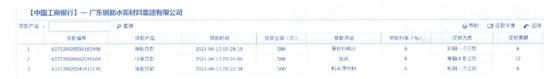

图 8-18　客户还款

（7）企业客户在"我的客服"中对客服专员提问，客服专员对客户的疑问进行解答。

第 9 章 互联网保险

9.1 实验目的

（1）通过智盛云下的平台，虚拟运营保险业务，了解保险相关业务的系列流程，并在此基础上将所学的理论知识与实践密切结合，培养学生的实操能力与分析能力。

（2）通过模拟互联网保险公司角色、个人保险客户角色、公司团险客户角色，转换不同的身份熟悉互联网保险的实务操作，如互联网公司运营专员发布保险产品，个人保险客户和公司团险客户购买保险，保险公司风控专员进行审核以及在保期内申请理赔，保险公司的客服和财务专员进行理赔审核以及赔付的流程等。

（3）通过角色切换和小组合作，虚拟操作互联网保险的综合业务，让学生进一步了解互联网与保险结合的实际作用和意义，从而更好地理解互联网保险的内涵。

9.2 实验要求

（1）公司创始人注册公司。

（2）保险公司运营专员分别发布航旅险、健康险、意外险和团险四种保险产品。

（3）个人、公司客户注册。

（4）个人客户操作购买航旅险、健康险、意外险和车险四种保险产品，公司客户操作购买团险。

（5）保险公司分别完成保单审核（通过或不通过）。

（6）个人、公司客户操作申请保险产品理赔。

（7）保险公司客服专员审核理赔申请，财务专员完成保险产品赔付。

（8）个人、公司客户申请续保。

（9）个人、公司客户向客服进行提问操作。

（10）保险公司客服专员向客户进行回答操作。

9.3 实验内容

在本模块，我们模拟互联网保险公司角色、个人保险客户角色和公司团险客户角色，通过互联网保险公司的运营专员发布保险产品，个人保险客户和公司团险客户分别购买保险，保险公司风控专员审核以及在保期内申请理赔、保险公司的客服和财务专员对理赔审核以及赔付的流程，虚拟操作互联网保险的综合业务。

1. 公司创始人注册公司

任务的完成需要一家互联网保险公司，因此操作的第一步便是创立互联网保险公司，并完成公司的注册。切换当前角色为"公司创始人"，填写银行账号，"注册资本"选择 5 000 万，获得"统一社会信用代码"，完成注册。最终确定公司的名称为"平安财产股份保险有限公司"，公司的经营范围为"保险"，如图 9-1 所示。

公司名称：	平安财产股份保险有限公司
统一社会信用代码：	92671678944611215I
注册资本(万元)：	5000 万元
银行账号：	11111111111111111111
经营范围：	保险

图 9-1 注册公司信息

2. 运营专员添加保险产品

切换至"运营专员"角色，选择"保险产品""保险类型"后单击"发布产品"。以健康险为例，输入"产品名称""期限单位""保险期限""保费""保险责任""产品介绍"等信息后单击"保存"，完成添加保险产品的操作，如图 9-2 所示。

【健康保险】新增保险产品信息

产品名称*：	健康险
期限单位*：	年
保险期限*：	1
保费(元)*：	2,000.00
保险责任*：	40种重大疾病
保额(元)：	50,000.00
产品介绍*：	无

保存 取消

图 9-2 新增的保险产品信息

3. 个人、公司客户注册

切换至"个人保险客户"角色，选择"注册"，输入身份证号码、姓名、性别、地址、手机等信息后点击"保存"，即可完成个人客户注册，如图9-3所示。

图 9-3　个人客户信息注册

切换至"公司团险客户"角色，选择"注册"，输入公司名称、成立时间、注册资本、地址、手机号码等信息后，点击"保存"即可完成公司客户注册，如图9-4所示。

图 9-4　团体客户信息注册

4. 个人、公司客户购买保险

航空航旅保险保驾护航，出行必备，是专为航旅推出的一种保险服务。在互联网平台上相应的操作为：切换到"个人保险客户"角色，在个人保险客户一栏找到"购买保险"的选项，选择"航旅保险"，价格选择"1元"，期限为1年，填写投保人信息、确认投保信息并支付保费后即购买保险成功。购买成功之后，在个人保险客户一栏找到"人身险保单"，即可查询到保单的相关信息，包括订单号、保单号、保险类型、保险产品、保障起期、保障止期、保费金额、购买时间、审核时间、状态，如图9-5、图9-6所示。

图 9-5　个人购买保险

图 9-6　填写投保人信息

健康险是专为个人健康推出的一种保险服务。在互联网平台上相应的操作为：切换到"个人保险客户"角色，在个人保险客户一栏找到"购买保险"的选项，选择"健康险"，价格选择"2 000元"，期限为1年，在被保险人描述中选择"以上全"后填写投保人信息、确认投保信息并支付保费即购买成功。购买成功之后，在个人保险客户一栏找到"人身险保单"，即可查询到保单的相关信息，包括订单号、保单号、保险类型、保险产品、保障起期、保障止期、保费金额、购买时间、审核时间、状态等信息，如图 9-7、图 9-8 所示。

图 9-7　被投保人描述

图 9-8　填写投保人信息

在互联网平台上购买意外险相应的操作为：切换到"个人保险客户"角色，在个人保险客户一栏找到"购买保险"的选项，选择"意外险"，价格选择"2 000 元"，期限为一年，填写投保信息、确认投保信息并支付保费后即购买成功。购买成功之后，在个人保险客户一栏找到"人身险保单"，即可查询到保单的相关信息，包括订单号、保单号、保险类型、保险产品、保障起期、保障止期、保费金额、购买时间、审核时间、状态，如图 9-9 所示。

图 9-9　填写投保人信息

车险是拥有车的客户必买的保险。在互联网平台上车险相应的操作为：切换到"个人保险客户"角色，在个人保险客户一栏找到"购买保险"的选项，选择"汽车保险"，投保地选择"广东省广州市"，填入"车牌号"，即购买成功。购买成功之后，在个人保险客户一栏找到"车险保单"，即可查询到保单的相关信息，包括订单号、保单号、投保地、车牌号、车主姓名、保障起期、保障止期、保费金额、购买时间、审核时间、状态，如图 9-10、图 9-11、图 9-12 所示。

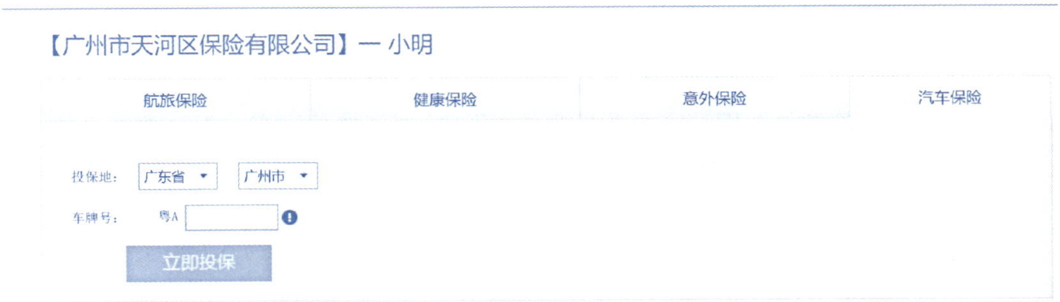

图 9-10　汽车保险

车辆信息			
投保地：	广东省广州市	车牌号：	粤A33333
车主姓名：	小明	车主手机号*：	
品牌型号*：		座位数*：	请选择... ▼
车架号*：		发动机号*：	
价格(元)*：	10000	商业险生效时间*：	

投保人信息	□ 投保人同车主		
姓名*：		性别*：	请选择... ▼
证件类型*：	请选择... ▼	证件号码*：	
手机号码*：		地址*：	

图 9-11　填写投保人信息

保障项目	说明	推荐方案√			自选方案	
		保额	保费		保额	保费
机动车损失险	❓	7800.00	250.00	□	不投保	0
机动车第三者责任险	❓	5000	30.00	□	不投保	0
机动车车上人员责任保险（司机）	❓	不投保	0	□	不投保	0
机动车车上人员责任保险（乘客）	❓	不投保	0	□	不投保	0
机动车全车盗抢保险	❓	不投保	0	□	不投保	0
玻璃单独破碎险	❓	不投保	0	□	不投保	0
自燃损失险	❓	不投保	0	□	不投保	0
车身划痕损失险	❓	不投保	0	□	不投保	0

图 9-12　选择投保方案

　　在公司团险客户一栏找到"购买保险"，选择"团险"套餐，可以看到团险的保障项目包括"商旅意外"即"飞机意外身故/伤残""其他营运交通工具意外身故/伤残""意外身故/残疾/烧烫伤""意外医疗"，对应的保障额度为"100万元""10万元""5万元""1万元"；"重疾及身故"包括的保障项目有"重大疾病""疾病身故"，对应的保障额度为"5万元""5万元"；"门急诊"的保障额度为5000元；"住院及津贴"包括的保障项目有"住院及津贴""疾病住房"，对应的保障额度为"50元/天""5000元"。公司可以为18~49周岁的员工投保，金额为1000元/人，一次最多可以保 20 人，输入要保的人数，点击"立即投保"，填写投保公司信息、确认投保信息并支付保费后即投保成功。在公司保险客户一栏中找到"团险保单"的选项，即可查询到保单的相关信息，包括订单号、保单号、保险产品、参保人数、保障起期、保障止期、保费总金额、购买时间、审核时间、状态，如图 9-13 所示。

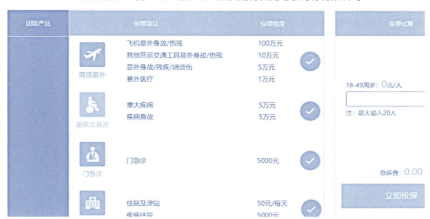

图 9-13　团险客户购买保险

5. 风控专员审核保单

在投保人申请购买保险之后，由风控专员进行审核。在该实验系统中，操作较为简单，只需切换至"风控专员"角色，点击审核通过或不通过。

6. 个人、公司客户申请理赔

对于通过审核并开始生效的保单，若被保险人或被保险标的发生保险事故，可以申请理赔。这也是保险业务中极其重要的一块。在该系统中，在个人保险客户里面的人身险（航旅险、健康险、意外险）理赔，通过审核的保单可以申请理赔。切换至"人身保险客户"角色，选择"人身险理赔申请"，在申请书中填写保单号、申请人、手机号码、出险时间、出险地点、理赔申请事项、出险描述等信息完成理赔申请，如图 9-14 所示。

人身保险索赔申请书

保单号*:	8964674365		
投保人:	陈某某	证件类型:	身份证
证件号码:	444444200001010000	手机号码:	13611111111
被保险人:	陈某某	证件类型:	身份证
证件号码:	444444200001010000	与投保人关系:	本人
理赔申请人*:	陈某某	手机号码*:	13611111111
出险时间*:	2021-04-14	出险地点*:	广东省广州市
理赔申请事项*:	☑ 人身意外伤害身故或残疾		

出险描述*:	4月14日发生意外，医院诊断为残疾

需要提交理赔材料:	1、身份证原件及复印件 2、保险合同凭据 3、其他证明和资料

授权与声明

1、本人声明以上陈述均为事实，并未重大遗漏，可作为你公司理赔依据。

2、本人授权任何医疗机构、保险公司、警署、派出所、疾病预防中心等有关机构以及一切熟悉被保险人身本健康状况、相关事故的人士，均可将有关被保险人资料向本保险公司如实提供。

3、本授权书影印本亦属有效。

4、由保险金转账所发生的一切纠纷，有受益人负责。

理赔申请人签章：陈某某

2021年4月14日

图 9-14　人身保险索赔申请书

车险则是选择"车险理赔申请"，在申请书中填写保单号、报案人、出险驾驶员、手机号码、出险时间、出险地点、出险描述等信息完成申请理赔，如图 9-15 所示。

机动车辆保险索赔申请书

保单号*:	2082526773		
被保险人:	陈某某	手机号码:	13611111111
地址:	广东省		
车牌号码:	粤A00003	品牌型号:	ADR3
车架号:	11111111111111111	发动机号:	11111111
报案人*:	陈某某	手机号码*:	13611111111
出险驾驶员*:	陈某某	手机号码*:	13611111111
出险时间*:	2021-04-14	出险地点*:	广东省广州市
出险描述*:	4月14日发生意外，发现发动机损坏		

兹声明本被保险人报案时所陈述以及现在所填写和提供的资料均为真实情况，没有任何虚假或隐瞒，否则，愿放弃本保险单之一切权利并承担相应的法律责任。现就本次事故向贵司提出正式索赔。

被保险人（索赔权益人）签章：陈某某

2021年4月14日

特别申明：
1、本索赔申请书是被保险人就所投保险种向保险人提出索赔的书面凭证。
2、保险人受理报案、现场查勘、估损核损、参与诉讼、进行抗辩、向被保险人提供专业建议等行为，均不构成保险人对赔偿责任的承诺。

图 9-15　机动车辆保险索赔申请书

团险申请理赔跟个人申请流程相似，需填写被保险人（必须包含在团险名单里，这个可以在团险保单里查询）。

7. 保险公司审核理赔申请与赔付

以车险理赔审核为例，保险公司审核理赔时，切换至"风控专员"角色，选择"车险理赔审核"，双击"保单"即可看到索赔申请书，风控专员可选择审核结果为"通过"或"不通过"，单击"保存"后完成理赔申请审核，如图 9-16 所示。

图 9-16　保险公司审核理赔申请与赔付

对于满足赔偿条件的合同，将由财务专员进行保险金的赔付。

8. 个人、公司客户申请续保

续保操作以个人客户中的人身险续保为例，切换至"个人保险客户"角色，选择"人身险保单"，选中一个保单并点击右上角"续保"，支付保费后即完成续保申请，如图 9-17 所示。

图 9-17　保单续保

9. 个人、公司客户向客服提问

以个人客户向客服提问为例，切换至"个人保险客户"角色，选择"我的客服"，在下方聊天框输入问题并点击发送即完成提问操作，如图 9-18 所示。

图 9-18　客户向客服提问

10.　客服专员向客户进行回答操作

切换至"客服专员"角色，选择客服中心，选择"个人用户"或"团体用户"，即可看到个人保险客户或公司团险客户的提问内容。在下方聊天框输入回复即可完成回答操作，如图 9–19 所示。

图 9–19　客服回答客户问题

9.3.2　备注

（1）产品保险期限中现实时间的 1 秒等于虚拟时间的 1 天。

（2）风控专员保单审核通过后，保单生效，保险开始计时。

（3）风控专员保单审核不通过或者未能在保障起期之前审核的订单，状态为已过审核期，保费将原路退回。

（4）财务专员可以查看资金流水。

（5）只有状态为保单到期的保单才可进行续保操作，续保成功的保单直接生效。

（6）人身险（航旅险、意外险、健康险）、团体险索赔时效为保单生效期和保单到期后 5 年内，车险为 2 年内。现实时间的 1 秒等于虚拟时间的 1 天，现实时间的 30 分钟等于虚拟时间的 5 年。

第 10 章　互联网基金

10.1　实验目的

了解产品经理业务操作流程、注意事项、基金发布流程及其细则；了解不同类型的基金创立发售的具体细节及彼此间的异同，从而更深入地理解不同基金的运作特点和方式。

了解个人投资者如何根据发布的基金信息选择购入合适的基金，且认识到购入时机的重要性；了解平台的运作及操作流程，了解并熟悉个人投资者卖出基金的流程并掌握不同基金卖出的操作细则；通过虚拟互联网基金销售公司和基金个人投资者，学习和了解基金投资者的投资过程，在这一过程中，体会互联网平台基金的特点和基金给人们带来的资金的变动。

10.2　实验要求

（1）产品经理至少发布 2 个活期宝产品、3 个定期宝产品、2 个指数宝产品、1 个代销基金产品。

（2）个人投资者至少购买 3 个活期宝产品、3 个定期宝产品、2 个指数宝产品、1 个代销基金产品。

（3）个人投资者至少卖出 1 个活期宝产品、1 个定期宝产品、1 个指数宝产品、1 个代销基金产品。

（4）个人投资者在持仓明细中至少成功转换 2 个活期宝产品、1 个指数宝产品和 1 个代销基金产品为其他产品。

（5）个人投资者至少定投 2 个活期宝产品、1 个指数宝产品、1 个代销基金产品。

（6）个人投资者至少终止定投 2 个活期宝产品、1 个指数宝产品、1 个代销基金产品。

（7）个人投资者购买的指数宝中，至少有 1 个产品的持仓盈亏在 2 524 元以上。

（8）个人投资者购买的代销基金中，至少有 1 个产品的持仓盈亏在 3 667 元以上。

（9）个人投资者购买的定期宝产品中，至少使用活期宝支付 2 次。

（10）运营专员至少为 2 只基金进行分红，至少有 1 个个人投资者总共获得 1 858 元以上的分红金额。

（11）个人投资者向基金销售公司客服至少提出 1 次问题。

（12）基金销售公司客服至少回答 1 次个人投资者的提问。

（13）至少有 1 个个人投资者总资产最终至少 10 万元。

10.3　实验内容

10.3.1　产品经理

（1）任务的完成需要一家互联网基金公司，因此操作的第一步便是创立互联网基金公司，并完成公司的注册。切换当前角色为"公司创始人"，填写公司的名称为"庄圳浩大魔王基金销售有限公司"，公司的经营范围为"全体"，如图 10-1 所示。

查看公司信息	⊠

公司名称：	庄圳浩大魔王基金销售有限公司
统一社会信用代码：	63784888165366599V
注册资本(万元)：	10000
经营范围：	全体

✖ 取消

图 10-1　注册基金公司

（2）产品经理经公司研究后，根据业务需要于平台上进行活期宝基金发布，规范命名基金，登记基金代码，设定基金类型、基金管理人、基金规模、基金经理、基金类别、基金风险等级及起购金额，如图 10-2 所示。

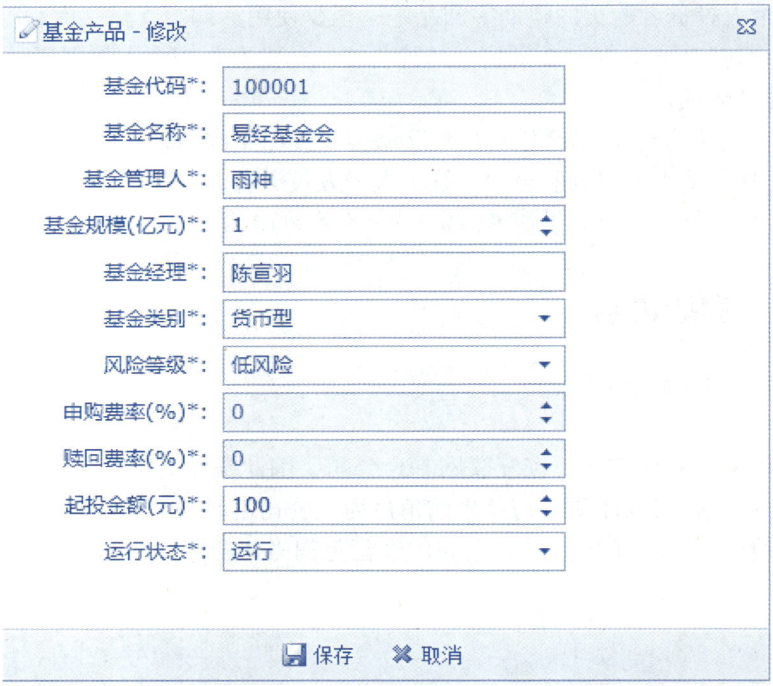

图 10-2　基金发布

　　（3）产品经理根据公司研究决定于平台进行定期宝基金的发布，依次登记选择其基金代码、基金名称、基金规模、基金管理人、基金经理、基金类别、基金风险等级、存期和起购金额。

　　（4）产品经理根据公司研究决定于平台进行指数宝基金发布，依次登记选择其基金代码、基金名称、基金规模、基金管理人、基金经理、基金类别、基金风险等级、申购费率、赎回费率、存期和起购金额。

　　（5）产品经理根据基金情况于平台进行代销基金发布，依次登记选择其基金代码、基金名称、基金规模、基金管理人、基金经理、基金类别、基金风险等级、存期和起购金额。

10.3.2　个人投资者

　　（1）注册个人投资者账户，填写个人信息，并将银行卡号进行关联，最终显示开户成功，如图 10-3 所示。

图 10-3　个人投资者注册

（2）个人投资者根据产品经理发布的基金产品的类别、风险等级、7 日年化收益率（如图 10-4 所示）进行判断，选择合适自己投资理念的活期宝产品、定期宝产品、指数宝产品、代销基金产品，其中定期宝要关注其存期，指数宝和代销基金要关注单位净值和日增长率，根据自我判断最后填入充值金额进行买入操作。

基金类别	风险等级	起额金额(元)	单位净值(元)	日增长率(%)	累计净值(元)
混合型	中等风险	100	0.9470	0.0085	0.9670

图 10-4　代销基金信息

（3）个人投资者买入活期宝产品（如图 10-5 所示）、定期宝产品、指数宝产品、代销基金产品各 1 个，并确定各自的购入金额。在"我的资产"中卖出这 4 种产品并确定卖出份额，其中定期宝产品需要在其封闭期过后才能卖出。

图 10-5　购买活期宝

（4）在指数宝基金中任意选择一个，点击"定投"，可以看到基金代码、基金简称、日单位净值、累计净值等基本数据，然后填入所要定投的金额，选择支付方式，输入支付密码，最后点击"确定"即可，如图 10-6 所示。

图 10-6　指数宝定投操作

①代销基金的定投操作步骤同上，所定投的产品可以在"我的定投"中看到。

②点击"我的定投"中的活期宝，选择相应的产品后，点击"终止"，即可终止定投活期宝产品。

③点击"我的定投"中的指数宝，选择相应的产品后，点击"终止"，即可终止定投指数宝产品。

　　小结：个人投资者的定投跟终止定投，让我们在日常中可以像投资者一样进行投资操作，体会资金的流通以及投资的风险管理。

　　（5）个人投资者查看已有的代销基金产品时，可以在操作栏中选择暂停、终止或修改已经开始运作的定投基金产品。

　　选择终止定投计划的，只需要打开页面之后再次输入支付密码就可以完成，如图10-7所示。

图 10-7　终止定投操作

　　个人投资者如果要购买定期宝产品，可以查看已有的定期宝产品，点击"买入"，进入对话框之后需要填写充值金额、支付方式和支付密码。支付方式有银行卡、第三方支付和活期宝支付三种选择，可以选择其中的任一种进行支付，支付密码为自己之前设定的密码。如图10-8所示，线上操作流程相对来说比较简单。

图 10-8　用活期宝支付购买定期宝产品

10.3.3　专员

　　（1）运营专员。选择"运营专员"角色，选择基金分红，选择设定分红，选择产品与确定每份分红金额。同时，如果想要个人投资者分红金额较高，应该尽量提高分红金额。

（2）客服专员。选择"个人投资者"角色时，点击"我的客服"，在聊天框内输入问题，最后点击"Enter"发送。选择"客服专员"角色时，点击"客服中心"，选择对应的个人投资者，对其疑问进行解答。

10.3.4 备注

（1）基金模块中现实时间的 8 秒代表虚拟时间的 1 天。

（2）每一只基金的最长运营时间是 10 年，10 年后自动终止。基金终止后，不可以再购买，已购买的基金可以以基金终止日的价格赎回。

（3）定期宝的存期为它的一个循环周期，例如 7 天的定期宝，7 天就是一个循环周期，以 7 天为一个单位不断地往后循环。

（4）基金买入后第二天进入循环周期，在这个循环周期里，基金进入封闭状态，封闭状态下持有的份额不可以卖出，只能预约卖出。下一个周期的第一天为开放日，开放日当天可以即时卖出基金。从第二个周期开始，每一个周期只有第一天为开发日，其他时间都处于封闭状态。

（5）投资者购买的定期宝在一个周期结束后会得到对应的收益，收益自动再投资，一起进入下一个周期。

（6）活期宝收益。活期宝每日都有收益，按月复利，即这个月的所有收益从下个月开始才把收益计入本金中。每日收益 = 总份额（当前本金）/10 000 × 当日万份收益率。

（7）买入 / 卖出计算。

申购费用 = 申购金额 – 申购金额 /（1+ 申购费率）；

申购份额 =（申购金额 – 申购费用）/ 最新单位净值；

赎回费用 = 赎回份额 × 赎回单位净值 × 赎回费率；

可得赎回金额 = 赎回份额 × 赎回单位净值 – 赎回费用。

（8）转换。基金转换的时候只收取转入基金的申购费，不收取转出基金的赎回费。

（9）定投。基金定投为按月定投，在设定的日期扣掉对应的投资金额，当某一个月账户资金不足扣款失败后，该定投自动终止，也可以手动终止。

（10）预约赎回。设置预约赎回后，在该周期结束后，该基金产品不再进入下一个周期。

（11）盈亏详情。持仓盈亏 = 参考市值 – 所有买入的金额 + 所有卖出金额 – 所有赎回费用，包括定投和转换。

（12）基金两次分红之间的时间间隔最少为 3 个月。基金终止后不可以再分红。

（13）基金的分红方式为红利再投资，每次分红的资金会按当前基金净值转换成对应的基金份额，进入投资人的账户。

第11章 互联网消费金融

11.1 实验目的

在本模块，学生将会模拟公司和客户角色，虚拟操作互联网消费金融的综合业务；了解平台的运作及操作流程，了解并熟悉个人申请各种不同贷款的流程；通过虚拟互联网消费金融销售公司和个人投资者，学习和了解互联网消费金融的放贷过程，在这一过程中，体会互联网消费金融的特点及其给人们带来的资金的变动。

11.2 实验要求

11.2.1 实验任务描述

首先，学生要到"公司创始人"角色里注册一家公司，注册成功之后由该公司的运营专员发布产品；其次，到"个人消费者"角色里进行个人注册，注册成功之后在"我的额度"里填写资料进行额度审核；最后，到"风控专员"角色里的额度管理中进行额度审批，额度审批下来后，个人消费者在贷款产品中可以根据额度进行相应的贷款服务。选好贷款产品、填写完相关资料后，风控专员进行贷款审批，审批通过之后，贷款开始生效，个人消费者在"贷款偿还"里进行相应的还款操作，完成互联网消费金融业务操作。

11.2.2 实验任务要求

（1）公司至少添加3种贷款产品。
（2）个人至少完成2次额度申请。
（3）公司至少完成2次额度审批。
（4）个人至少申请1次信用贷款。
（5）个人至少申请2次消费贷款。

（6）个人至少申请 3 次汽车贷款。

（7）个人至少申请 1 次旅游贷款。

（8）个人至少申请 1 次租房贷款。

（9）个人至少申请 1 次装修贷款。

（10）个人至少申请 1 次职业培训贷款。

（11）公司至少完成 1 次贷款审批通过。

（12）公司至少完成 1 次贷款审批拒绝。

（13）公司至少完成 5 次放款成功。

（14）个人贷款还贷方式至少有 1 次为按月分期还贷。

（15）个人贷款还贷方式至少有 3 次为到期一次性还贷。

（16）个人至少偿还完 2 次按月分期还贷的贷款。

11.3　实验内容

互联网消费金融流程如图 11-1 所示。

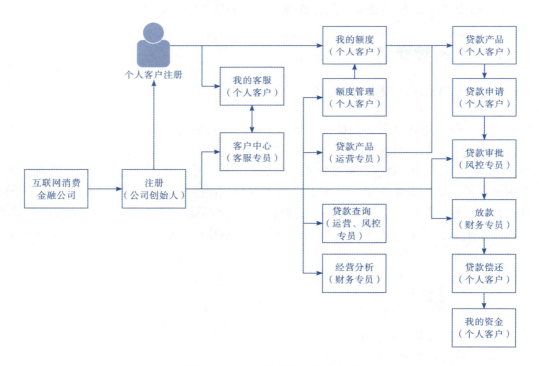

图 11-1　互联网消费金融流程图

第一步，公司创始人注册公司，如图 11-2 所示。注册成功之后，由本公司的运营专员发布产品，如图 11-3 所示。

公司注册

公司名称	统一社会信用代码	注册资本(万元)	注册日期
小明第一消费金融有限公司			2023-10-25

修改公司信息

公司名称*: 小明第一消费金融有限公司

注册资本(万元)*: 10,000

统一信用代码*: 67908824612005231L

银行账号*: 626383385140853

座机号码*: 020-88888888

办公地址*: 天河

经营范围*: 贷款

保存

图 11-2　公司注册

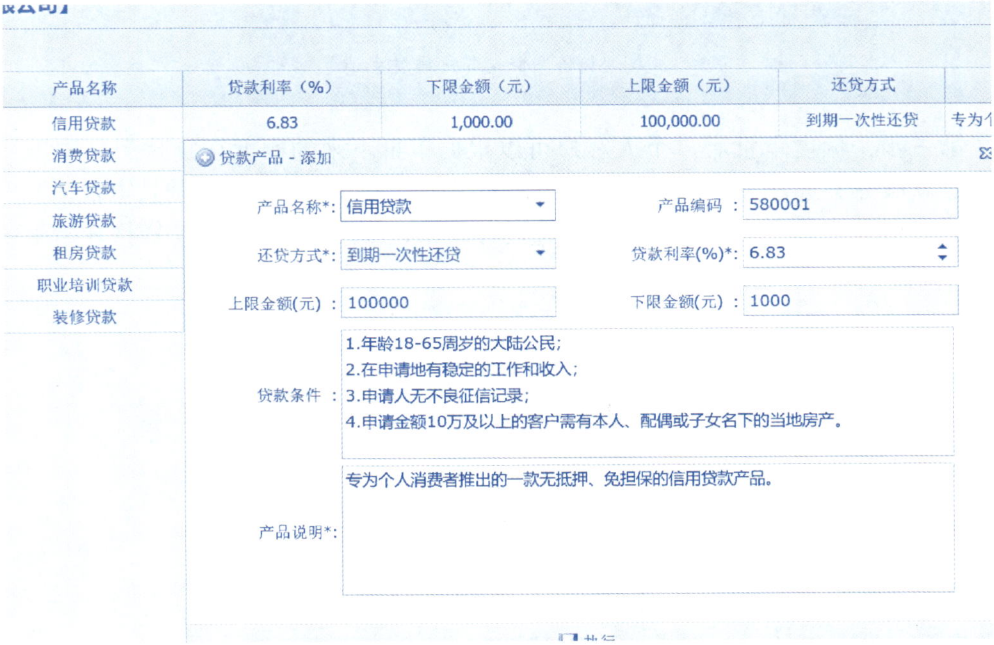

产品名称	贷款利率（%）	下限金额（元）	上限金额（元）	还贷方式	
信用贷款	6.83	1,000.00	100,000.00	到期一次性还贷	专为个
消费贷款					
汽车贷款					
旅游贷款					
租房贷款					
职业培训贷款					
装修贷款					

贷款产品 - 添加

产品名称*: 信用贷款　　产品编码: 580001

还贷方式*: 到期一次性还贷　　贷款利率(%)*: 6.83

上限金额(元): 100000　　下限金额(元): 1000

贷款条件:
1.年龄18-65周岁的大陆公民；
2.在申请地有稳定的工作和收入；
3.申请人无不良征信记录；
4.申请金额10万及以上的客户需有本人、配偶或子女名下的当地房产。

产品说明*: 专为个人消费者推出的一款无抵押、免担保的信用贷款产品。

图 11-3　运营专员发布产品

第二步，个人客户进行注册，注册成功之后在"我的额度"里填写资料进行额度审核（需要有个人征信报告），风控专员在额度管理中进行额度审批，如图11-4所示。

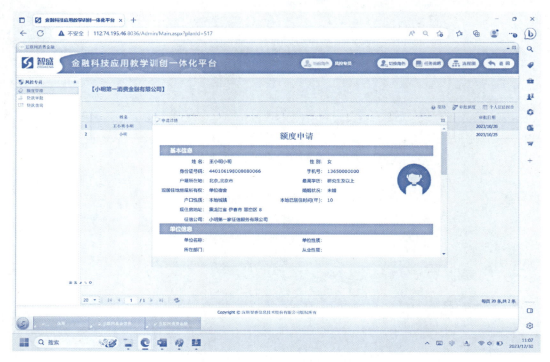

图11-4　个人客户额度申请

第三步，额度审批后，个人客户可以根据审批下来的额度在贷款产品中进行相应的贷款服务。选好贷款产品、填写完相关资料后，风控专员进行贷款审批；审批通过之后，财务专员对已审批通过的贷款进行放款，如图11-5所示，贷款开始生效并计时。

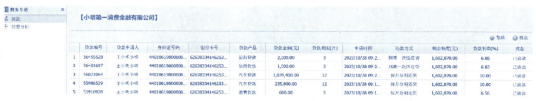

图11-5　财务专员放款

第四步，个人消费者在贷款偿还账户里进行相应的还款操作。

备注：

①互联网消费金融模块的贷款计时采用虚拟时间，现实时间的1秒等于虚拟时间

的 1 天。

②同一个公司最多只能添加 7 种贷款产品且同一种贷款产品只能添加 1 次。

③消费贷款、汽车贷款这两种贷款会有很多种贷款方案，每一种的贷款利率都不同，需根据个人消费者的具体操作而定。因此公司运营专员发布成功后贷款利率、下限金额、上限金额将不显示。

④风控专员根据个人消费者提供的额度申请信息和个人征信报告进行额度审批，额度范围在 1 ~ 3 000 000 元，无个人征信报告者不能进行额度审批。

⑤风控专员根据个人消费者提供的申请贷款资料以及参考个人征信报告进行审核。

⑥风控专员审核通过的贷款需在财务专员放款之后才能生效。

⑦对于还款方式为按月分期还款的贷款需要手动——进行还款。

⑧个人客户可以查看还贷数据以及账户余额。

第 12 章 大数据金融

12.1 实验目的

本模块实验目的在于通过模拟数据的采集、分析和应用，给客户设计精准的营销方案，学生可以切换不同的角色进行学习，并加深对大数据的认识，在理论课程之外更进一步地贴近大数据金融现状，培养金融专业大学生的专业素养。

12.2 实验要求

（1）大数据采集人员进行数据采集。

（2）大数据分析人员对不同年龄段人群的私募基金投资偏好进行分析。

（3）大数据分析人员对不同职业人群的私募基金投资偏好进行分析。

（4）大数据分析人员对不同教育程度人群的私募基金投资偏好进行分析。

（5）大数据分析人员对不同年收入人群的私募基金投资偏好进行分析。

（6）大数据分析人员对不同省份人群的私募基金投资偏好进行分析。

（7）大数据分析人员根据以上的分析结果在漏斗分析模块添加并保存筛选条件，确定目标客户。

（8）对筛选出的目标客户在用户画像模块进行用户画像分析，并保存分析结果。

（9）在用户画像模块中根据目标客户数计算目标客户比例。

（10）大数据应用人员分析创建不同的目标客户群。

（11）对分析创建的目标客户群进行金融产品定向营销。

12.3　实验内容

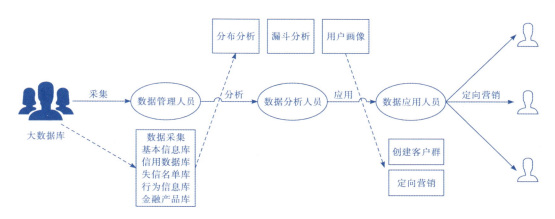

图 12-1　流程图

本模块实验内容为模拟互联网大数据采集角色、大数据管理角色、大数据分析角色和大数据应用角色。互联网公司大数据采集人员采集用户数据；大数据管理人员分类管理用户数据，并建立基本信息库、信用数据库、失信名单库、行为信息库和金融产品库；大数据分析人员进行分布分析、漏斗分析和用户画像；大数据应用人员进行创建客户群以及定向营销的流程等。

12.3.1　大数据采集人员采集数据

大数据采集人员点击右上角的"数据采集"，从初始数据库中采集相关信息。

12.3.2　大数据管理人员管理数据

大数据管理人员将采集到的数据库分为基本信息库、信用数据库、失信名单库、行为信息库和金融产品库，其中金融产品库分为银行理财产品库、公募基金产品库、私募基金产品库和信托产品库。

12.3.3　大数据分析人员分析数据

（1）分析不同年龄段人群对私募基金的投资偏好。

切换角色为"大数据分析人员"，点击"分析分布"，勾选想要分析的年龄段，进行"图形分析"，可得到不同年龄段人群对于私募基金的投资偏好。从图 12-2 可以看出，中老年人对于私募基金较为青睐，说明中老年人拥有较多的资本可以投入私募基金，该结论基本上符合"八二定律"。

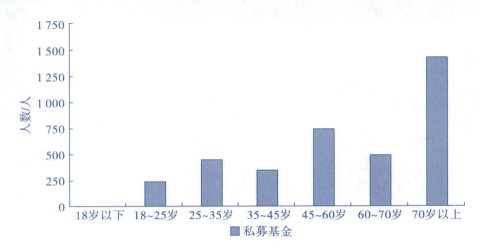

图 12-2　不同年龄段人群投资偏好图表分析

（2）分析不同职业人群对私募基金的投资偏好。

点击"分析分布"，勾选想要分析的职业，进行"图形分析"，可得到不同职业人群对于私募基金的投资偏好，如图 12-3 所示。

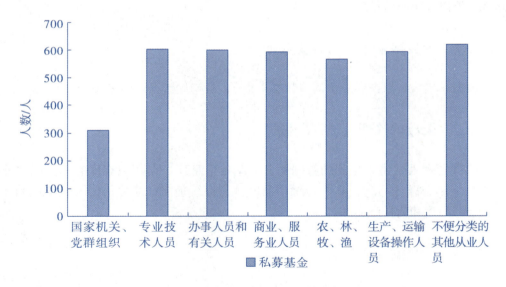

图 12-3　不同职业人群投资偏好图表分析

（3）分析不同教育程度人群对私募基金的投资偏好。

点击"分析分布"，勾选想要分析的教育程度人群，进行"图形分析"，可得到不同教育程度人群对于私募基金的投资偏好。从图 12-4 可以看出，学历为研究生的人群对于私募基金更加青睐。

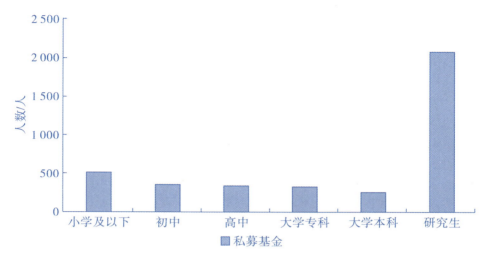

图 12-4　不同教育程度人群投资偏好图表分析

（4）分析不同年收入人群对私募基金的投资偏好。

点击"分析分布"，勾选你所想要分析的年收入人群，进行"图形分析"，可得到不同年收入人群对于私募基金的投资偏好，如图 12-5 所示。

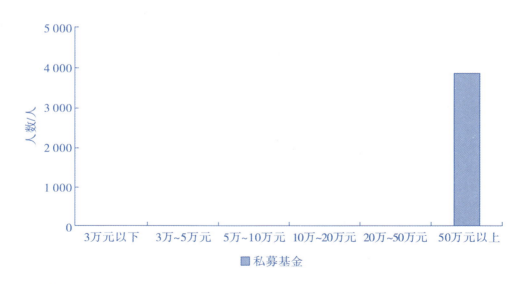

图 12-5　不同年收入人群投资偏好图表分析

（5）分析不同省份人群对私募基金的投资偏好。

切换角色至"大数据分析人员"，在"分析分布"模块选择分析类型：不同省份，并选择显示列名、产品名称，从而完成投资偏好的分析，如图12-6所示。

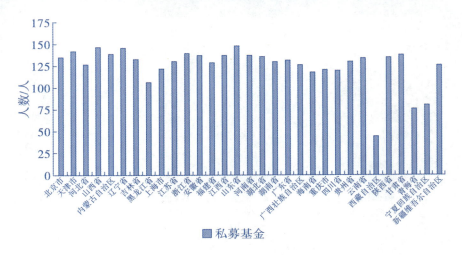

图 12-6　不同省份人群投资偏好图表分析

（6）漏斗分析。

客户数据收集完成后，为了进一步筛选出产品所面对的目标客户，需要进行多种筛选，首先进行的是漏斗分析，如图12-7所示。

图 12-7　添加筛选条件

进行漏斗分析后，最终得到了以下的人群数据（如图12-8所示），通过本次操作，学生对于漏斗分析的用途以及价值有了进一步的了解。

	姓名	性别	民族	婚姻状况	省份	城乡类型	教育程度	职业	年收入	主要收入来源	净资产
1	曲颜禹	男	汉族	未婚	北京市	城镇	无	国家机关、党群组…	¥47,702.00	工资、理财、兼职…	¥169,244.00
2	曹蕊	男	汉族	未婚	天津市	城镇	无	专业技术人员	¥14,728.00	工资	¥48,307.00
3	杜榕	女	汉族	未婚	河北省	城镇	无	办事人员和有关人员	¥133,280.00	工资、理财、兼职…	¥529,493.00
4	诸葛宜英	男	汉族	未婚	山西省	城镇	研究生	商业、服务业人员	¥51,794,631.00	工资	¥221,991,512.00
5	茑冰延	女	汉族	未婚	内蒙古自治…	城镇	无	无	¥0.00	无	¥0.00
6	姜峰	男	汉族	未婚	辽宁省	城镇	无	农、林、牧、渔…	¥31,112.00	工资、理财、兼职	¥96,463.00
7	郑荣	男	汉族	未婚	吉林省	城镇	无	生产、运输设备操…	¥28,259.00	工资、理财、兼职…	¥139,105.00
8	屈清	男	汉族	未婚	黑龙江省	城镇	无	不便分类的其他从…	¥2,924,799.00	工资、理财、兼职…	¥6,162,163.00
9	司马含淑	男	汉族	未婚	上海市	城镇	无	国家机关、党群组…	¥39,056.00	工资、理财	¥47,138.00

图 12-8　漏斗分析结果

12.3.4　大数据应用人员应用数据

（1）创建客户群。

在进行完漏斗分析以及用户画像步骤后，大数据应用人员需要根据所得用户相关数据，如年龄分析、投资偏好分析等进行相关客户群的创建（如图 12-9 所示），可以创建的客户群种类有微信客户群、支付宝客户群等，下面以创建"微信客户群"为实验例子说明。

	姓名	性别	民族	婚姻状况	省份	城乡类型	教育程度	职业	年收入	主要
1	汲淳基	男	汉族	已婚	重庆市	城镇	研究生	不便分类的其他从…	¥23,773.00	工资、理
2	曹娴	男	藏族	未婚	西藏自治区	城镇	无	办事人员和有关人员	¥22,170.00	工资、理
3	禹卿好	男	汉族	已婚	陕西省	城镇	研究生	商业、服务业人员	¥2,100,053.00	工资、理
4	郝晴	男	汉族	已婚	甘肃省	城镇	研究生	农、林、牧、渔…	¥142,891.00	工资、理
5	习强	男	汉族	已婚	青海省	城镇	研究生	生产、运输设备操…	¥4,219,639.00	工资
6	倪瑾彤	男	维吾尔族	未婚	新疆维吾尔…	城镇	小学	国家机关、党群组…	¥3,475,841.00	工资
7	袁之清	男	汉族	已婚	北京市	城镇	研究生	专业技术人员	¥114,382,766.00	工资、理
8	陆卓	男	汉族	已婚	山西省	城镇	研究生	农、林、牧、渔…	¥71,145,396.00	工资、理
9	沈可劬	男	汉族	已婚	江苏省	城镇	研究生	办事人员和有关人员	¥3,772,143.00	工资、理
10	郗轩淳	男	汉族	未婚	江西省	城镇	初中	不便分类的其他从…	¥51,858.00	工资、理
11	习裕民	男	汉族	已婚	河南省	城镇	研究生	国家机关、党群组…	¥108,515.00	工资、理
12	彭棠	男	汉族	已婚	海南省	城镇	研究生	农、林、牧、渔…	¥43,502.00	工资、理
13	牧芸	男	汉族	已婚	四川省	城镇	研究生	不便分类的其他从…	¥20,607.00	工资、理
14	家旭萍	男	维吾尔族	已婚	新疆维吾尔…	城镇	研究生	农、林、牧、渔…	¥3,888,452.00	工资
15	伊冠攻	男	汉族	已婚	山西省	城镇	研究生	不便分类的其他从…	¥66,205.00	工资、理

图 12-9　创建客户群

点击"创建客户群"选项按钮，在"客户群名称"选项中选择"微信客户群"，注意创建过程中的客户数据量是否正确。

点击底部的"创建客户群"，得到容量为 3 710 人的微信客户群。

（2）定向营销。

客户群创建完毕后，需要分析客户群中的客户投资偏好，并以此为依据进行金融产品推送，分"创建推送内容""发送推送信息""推送后分析"三步走，下面以推送精选股票为例进行说明。

①创建推送内容：点击"创建推送信息"进行推送内容编辑，标题设为"精选股票"，目标客户设为"微信客户群"，推送渠道为"微信消息"，选择推送时间为"立即推送"，并在"推送内容"选项中选择合适的宣传图片，如"智汇宏元价值精选股票 C"，最后点击"创建"完成推送内容的创建，如图 12-10 所示。

图 12-10　创建推送内容

②发送推送信息：点击刚刚所创建的推送信息并选择"发送推送信息"，弹出"发送推送信息成功"提示后此步骤完成，如图 12-11 所示。

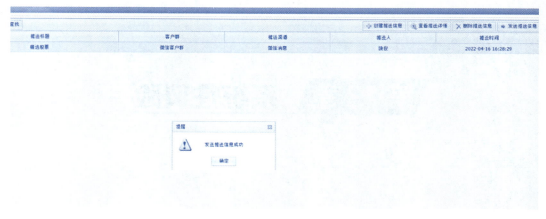

图 12-11　发送推送信息

③推送后分析：推送消息发送后，需要收集客户群对于推送消息的反响状况，如"该金融产品的购买人数""客户满意度"等相关数据内容，制作图表进行分析，为下一次的定向营销提供参照模板并加以改进，如图 12-12 所示。

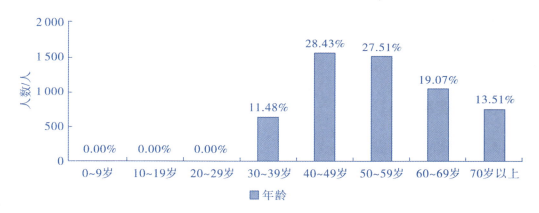

图 12-12　推送后分析

第 13 章 系统性风险

13.1 实验目的

（1）通过互联网金融模拟仿真实验，实际感受互联网金融体系系统性风险是如何产生以及如何运作的，在系统性风险模块中体验不同角色，切实理解每种角色的具体操作。

（2）为今后的职业生涯提供了解的渠道，加深金融专业知识的培养。

（3）学会如何进行互联网金融实操，了解整个互联网金融的运作体系和功能。

（4）培养团队协作能力以及个人思考能力，以"知行合一"的方式，将日常所学的理论知识实实在在地运用到实际操作中。

13.2 实验要求

13.2.1 实验任务描述

系统性风险是指金融机构从事金融活动或交易所在的整个系统因外部因素的冲击或内部因素的牵连而发生剧烈波动、危机或瘫痪，使单个金融机构不能幸免，从而遭受经济损失的可能性。整体风险造成的后果带有普遍性，其主要特征是所有股票均下跌，不可能通过购买其他股票保值。

在本模块，系统会虚拟一个封闭的交易市场，由学生分别模拟上市公司、上市公司大股东、个人投资者、机构投资者、商业银行、证券公司、证券交易所、证监会这八大角色，每个角色都有不同的功能，通过相互配合，买卖交易，促使股票市场系统性风险的发生，从而达到系统性风险模拟仿真的要求。

13.2.2 实验任务要求

（1）上市公司至少要发起 2 次回购。

（2）投资者或上市公司大股东至少成功回购 2 次。

（3）个人投资者成功委托下单至少 5 次。

（4）机构投资者成功委托下单至少 3 次。

（5）上市公司大股东成功委托下单至少 2 次。

（6）个人投资者成功撤销委托下单至少 1 次。

（7）机构投资者成功撤销委托下单至少 1 次。

（8）上市公司大股东成功撤销委托下单至少 1 次。

（9）个人投资者确认委托交易至少 3 次。

（10）机构投资者确认委托交易至少 2 次。

（11）上市公司大股东确认委托交易至少 3 次。

（12）证券交易所至少要发布 1 次风险公告。

（13）证券公司要帮助任意一名投资者或上市公司大股东至少成功完成 2 次融资。

（14）商业银行至少要投放 3 笔流动性贷款。

（15）证监会至少要发布 1 次普通公告信息。

（16）证监会至少要发布 1 次行政公告信息。

（17）通过证券交易，操作出系统性风险。

（18）证券交易所至少完成紧急停市操作 1 次。

12.3　实验内容

12.3.1　流程图

系统性风险评估流程图如图 13-1 所示。

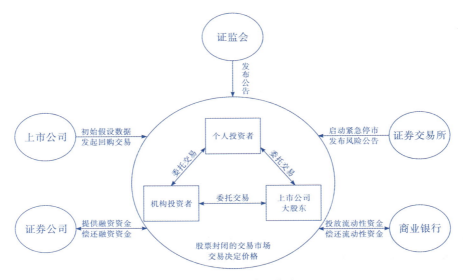

图 13-1　系统性风险评估流程图

12.3.2 具体操作

任务 1：上市公司至少要发起 2 次回购

角色切换成“上市公司”，点击左方功能栏“回购交易”，能够看见当前可以发起回购的股票，如图 13–2 所示。

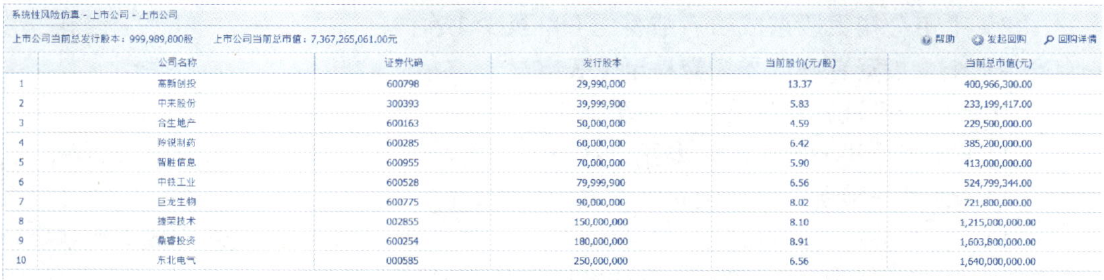

系统性风险仿真 - 上市公司 - 上市公司

上市公司当前总发行股本：999,989,800股　上市公司当前总市值：7,367,265,061.00元　帮助　发起回购　回购详情

	公司名称	证券代码	发行股本	当前股价(元/股)	当前总市值(元)
1	高新创投	600798	29,990,000	13.37	400,966,300.00
2	中来股份	300393	39,999,900	5.83	233,199,417.00
3	合生地产	600163	50,000,000	4.59	229,500,000.00
4	羚锐制药	600285	60,000,000	6.42	385,200,000.00
5	智胜信息	600955	70,000,000	5.90	413,000,000.00
6	中铁工业	600528	79,999,900	6.56	524,799,344.00
7	巨龙生物	600775	90,000,000	8.02	721,800,000.00
8	捷荣技术	002855	150,000,000	8.10	1,215,000,000.00
9	鼎睿投资	600254	180,000,000	8.91	1,603,800,000.00
10	东北电气	000585	250,000,000	6.56	1,640,000,000.00

图 13–2　回购交易

上市公司任意选择一只股票，点击“发起回购”，进入“发起回购”页面，上市公司点击右上方“发布回购公告”，输入回购相关信息，点击“发布”，在“投资者”和“上市公司大股东”角色页面上便可看到发出的回购公告，如图 13–3 所示。

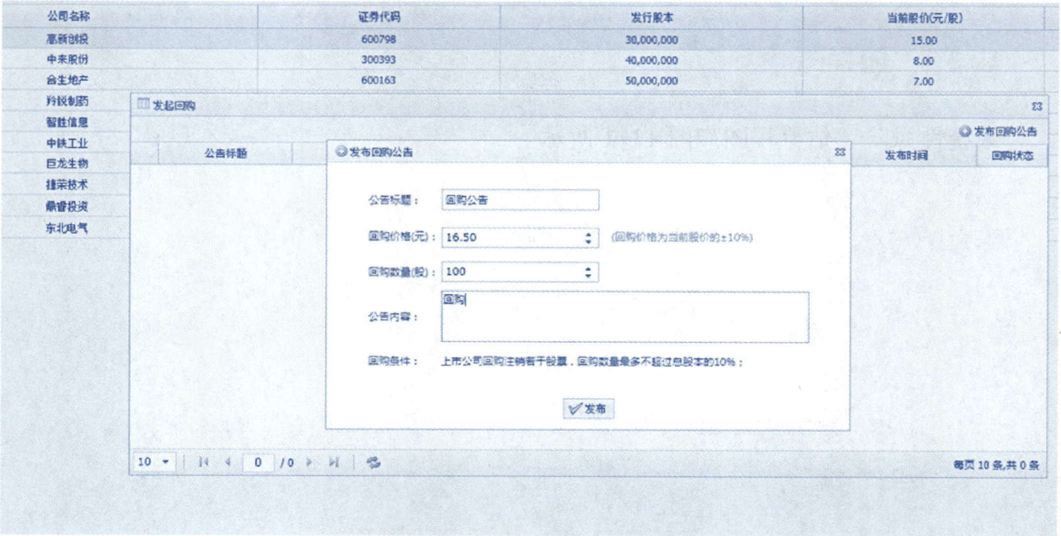

图 13–3　发布回购公告

任务 2：投资者或上市公司大股东至少成功回购 2 次

如图 13–4 所示，个人投资者、机构投资者和上市公司大股东均参与了回购。

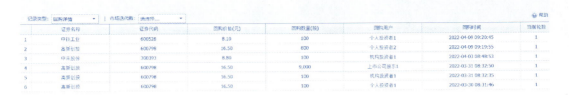

	证券名称	证券代码	回购价格(元)	回购数量(股)	回购用户	回购时间	当前轮数
1	中铁工业	600528	8.10	100	个人投资者1	2022-04-09 09:20:45	1
2	高鸿创投	600798	16.50	800	个人投资者2	2022-04-09 09:19:55	1
3	中来股份	300393	8.80	100	机构投资者1	2022-04-03 08:48:53	1
4	高鸿创投	600798	16.50	9,000	上市公司股东1	2022-03-31 08:32:50	1
5	高鸿创投	600798	16.50	100	机构投资者1	2022-03-31 08:32:35	1
6	高鸿创投	600798	16.50	100	个人投资者1	2022-03-30 08:31:46	1

图 13-4　历史记录查询

以上市公司大股东身份向机构投资者或个人投资者提出回购申请，对方在平台上点击"确认"后即可成功回购，如图 13-5 所示。

	状态	发起人	委托时间	证券名称	证券代码	买卖类型	交易对手	委托数量(股)	委托价格(元)
1	待确认	上市公司股东2	2022-03-30 08:31:03	巨龙生物	600775	买入	个人投资者2	202,000	9.90
2	已撤销	上市公司股东1	2022-03-30 08:30:14	高鸿创投	600798	买入	个人投资者1	133,300	15.00

图 13-5　交易详情

任务 3：个人投资者成功委托下单至少 5 次

选择个人投资者 1 或个人投资者 2 的账户，账户状况下可以查看该投资者持股情况及资金情况，如图 13-6 所示。个人投资者想要委托交易时，在"委托下单"页面进行委托下单，选择买卖类型、交易对手（机构投资者、个人投资者或大股东）、想要买卖的股票（中铁工业、中来股份、合生地产等）、委托价格（现价 ±10%）、买卖数量以及理由（板块热点、政策利好等），重复委托下单 5 次，完成任务，如图 13-7 所示。

账户状况　委托下单　委托撤销　委托确认　成交记录

当前用户：个人投资者1
总资产：1,411,199,937.60
可用资金：1,314,748,484.60
股票市值：96,451,453.00
仓位：6.83%
实际资金：RMB 1,981,420,742.60

上市公司：回购啦　证监会公告信息：震惊！　证监会行政公告：《中国证...

市场状态：系统性风险　虚拟日期：2022-05-28　距离下一日：市场流动结束

市场指数　帮助　返回

	证券名称	证券代码	实际数量(股)	可用数量(股)	平均成本(元)	现价(元)	市值(元)	盈亏(元)	盈亏率	操作
1	高鸿创投	600798	17,765,300	984,800	15.06	13.37	237,522,061.00	-30,023,357.00	-11.22%	卖出/加仓
2	中来股份	300393	5,333,500	100	8.00	5.83	31,094,305.00	-11,573,695.00	-27.12%	卖出/加仓
3	合生地产	600163	15,000,100	15,000,100	7.70	4.59	68,850,459.00	-46,650,311.00	-40.39%	卖出/加仓
4	营银制药	600285	20,000,000	0	8.00	6.42	128,400,000.00	-31,600,000.00	-19.75%	卖出/加仓
5	中铁工业	600528	2,199,900	2,199,900	10.00	6.56	14,431,344.00	-7,567,656.00	-34.40%	卖出/加仓
6	智胜信息	600955	100	100	7.29	5.90	590.00	-139.00	-19.07%	卖出/加仓

10　　1 / 1　　每页 10 条，共 8 条

图 13-6　账户状况

买卖类型：	◯ 买入　◉ 卖出				
选择交易对手：	机构投资者1　▼				
选择股票：	中铁工业(600528)　▼				
委托价格(元)：	10.00　▲▼　(现价的±10%)				
卖出数量(股)：	100　▲▼				
可卖数量(股)：	19800000	全部	1/2	1/3	1/5	1/10
卖出理由：	抄底了				
理由参考：	抄底了　技术面看好　板块热点　政策利好　我有内幕　基本面看好做长线　加仓/补仓				
	↶重置　✔下单				

图 13-7　交易页面

任务 4：机构投资者成功委托下单至少 3 次

机构投资者通过选择交易对手个人投资者，委托下单购买股票高新创投 100 股，委托价格为 13.37 元，并且需要成功进行委托下单 3 次及以上，如图 13-8 所示。

图 13-8　机构投资者 - 委托下单

任务 5：上市公司大股东成功委托下单至少 2 次

先在委托交易里选择某一股东角色进入"进行交易"。

图 13-9 上市公司大股东 – 委托交易

交易者在委托下单处选择"买入"或"卖出"的交易类型和交易对手、股票种类、数量、委托交易价格、交易理由等，最后进行下单，等待交易对手方确认交易，如图 13-10 所示。

图 13-10 委托下单

交易者可在委托记录中查看到交易情况，图中还未确认交易，因此需等待对手方确认交易，交易才可完成，如图 13-11 所示。

图 13-11 委托确认

任务 6：个人投资者成功撤销委托下单至少 1 次

当个人投资者想撤销原先委托的单子时，进入"委托撤销"页面，点击"撤销"，则之前委托的单子将被撤销，不再在证券交易所等待交易，如图 13-12 所示。

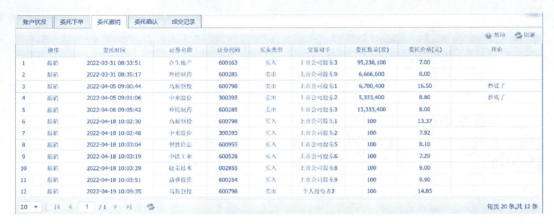

	操作	委托时间	证券名称	证券代码	买卖类型	交易对手	委托数量(股)	委托价格(元)	理由
1	撤销	2022-03-31 08:33:51	合生地产	600163	买入	上市公司股东3	95,238,100	7.00	
2	撤销	2022-03-31 08:35:17	黔诺制药	600285	卖出	上市公司股东9	6,666,600	8.00	
3	撤销	2022-04-05 09:00:44	高新创投	600798	卖出	上市公司股东1	6,780,400	16.50	抄底了
4	撤销	2022-04-05 09:01:06	中来股份	300393	卖出	上市公司股东2	5,333,400	8.80	抄底了
5	撤销	2022-04-06 09:05:42	黔诺制药	600285	卖出	上市公司股东3	13,333,400	8.00	
6	撤销	2022-04-18 10:02:30	高新创投	600798	买入	上市公司股东1	100	13.37	
7	撤销	2022-04-18 10:02:48	中来股份	300393	买入	上市公司股东2	100	7.92	
8	撤销	2022-04-18 10:03:04	智胜信息	600955	买入	上市公司股东5	100	8.10	
9	撤销	2022-04-18 10:03:19	中铁工业	600528	买入	上市公司股东6	100	7.29	
10	撤销	2022-04-18 10:03:39	捷荣技术	002855	买入	上市公司股东8	100	9.00	
11	撤销	2022-04-18 10:03:51	鼎春投资	600254	买入	上市公司股东9	100	9.90	
12	撤销	2022-04-19 10:09:35	高新创投	600798	卖出	个人投资者2	100	14.85	

图 13-12　个人投资者－委托撤销

任务 7：机构投资者成功撤销委托下单至少 1 次

机构投资者在操作过程中点击需要撤销的委托即可撤销该次委托单，如图 13-13 所示。

图 13-13　机构投资者－委托撤销

任务 8：上市公司大股东成功撤销委托下单至少 1 次

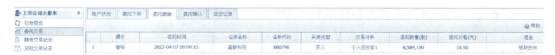

图 13-14　上市公司大股东－委托撤销

个人投资者买入上市公司大股东的股份，可在委托交易的委托撤销中看到交易记录，予以撤销即可。

任务 9：个人投资者确认委托交易至少 3 次

个人投资者进入"委托确认"页面，可以看见其他投资者或大股东委托下单的信息，选择想要交易的单子，点击对应单子的"确认"，即可完成交易，对应对手方的单子也会在其"委托撤销"页面下消失，如图 13-15 所示。

	操作	委托时间	证券名称	证券代码	买卖类型	交易对手	委托数量(股)	委托价格(元)	理由
1	确认 放弃	2024-06-26 22:01:33	中铁工业	600528	卖出	个人投资者1	200,000,000	10.00	

图 13-15　个人投资者-委托确认

任务 10：机构投资者确认委托交易至少 2 次

机构投资者委托下单后，需要确认与有交易需求的对方达成交易，如点击"确认"即可进行委托确认。例如，由上市公司 3 申请买入机构投资者 1 的中来股份 15 454 500 股。进行该项操作 2 次及以上。

	操作	委托时间	证券名称	证券代码	买卖类型	交易对手	委托数量(股)	委托价格(元)	理由
1	确认 放弃	2024-06-26 22:03:54	巨龙生物	600775	买入	个人投资者2	100	11.00	

图 13-16　机构投资者-委托交易

任务 11：上市公司大股东确认委托交易至少 3 次

个人投资者或机构投资者向大股东买入或卖出证券，大股东可在"委托交易-委托确认"中查看，选择"确认"即可，如图 13-17 所示。

	操作	委托时间	证券名称	证券代码	买卖类型	交易对手	委托数量(股)	委托价格(元)	理由
1	确认 放弃	2022-04-05 09:00:44	高新创投	600798	买入	个人投资者1	6,780,400	16.50	校贵了
2	确认 放弃	2022-04-09 09:19:31	巨龙生物	600775	买入	机构投资者1	18,202,000	8.91	
3	确认 放弃	2022-04-18 10:02:30	高新创投	600798	卖出	个人投资者1	100	13.37	
4	确认 放弃	2022-04-18 10:05:02	高新创投	600798	卖出	机构投资者2	100	13.37	
5	确认 放弃	2022-04-18 10:06:17	高新创投	600798	买入	机构投资者2	1,036,200	13.37	

图 13-17　上市公司大股东-委托确认

任务 12：证券交易所至少要发布 1 次风险公告

证券交易所在"风险公告"页面下，点击"发布"，填写相应的发布标题和发布内容，对市场风险会有所增大进行 1 次警告，如图 13-18 所示。

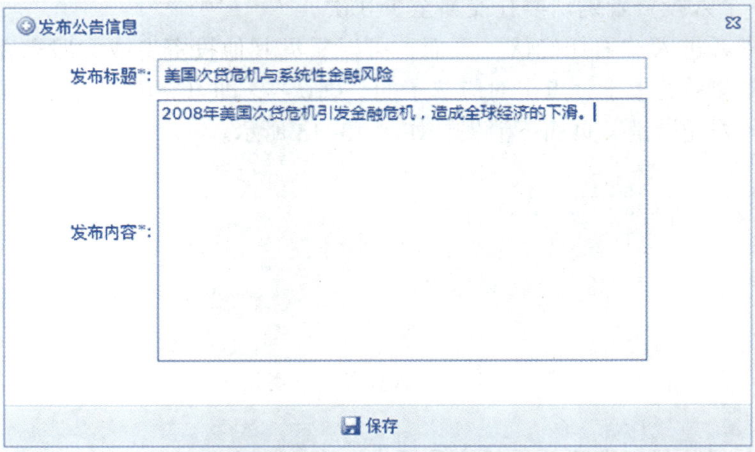

图 13-18　发布风险公告信息

任务 13：证券公司要帮助任意一名投资者或上市公司大股东至少成功完成 2 次融资

角色切换为"证券公司"，点击左方功能栏中的"融资交易"，可以看见能够为其申请融资的投资者名称，如图 13-19 所示。

	投资者	实际资金(元)	可用资金(元)	融资操作
1	个人投资者1	1,981,420,742.60	1,314,748,484.60	融资申请
2	个人投资者2	2,207,723,920.00	2,207,723,920.00	融资申请
3	机构投资者1	2,588,496,389.70	215,183,779.70	融资申请
4	机构投资者2	2,298,966,606.61	2,028,965,989.61	融资申请
5	上市公司股东1	126,531,030.00	17,893,380.00	融资申请
6	上市公司股东2	40,800,000.00	30,798,516.00	融资申请
7	上市公司股东3	136,000,000.00	136.00	融资申请
8	上市公司股东4	154,000,000.00	352.00	融资申请
9	上市公司股东5	10,000,000.00	307.00	融资申请
10	上市公司股东6	10,001,000.00	10,001,000.00	融资申请
11	上市公司股东7	188,200,000.00	550.00	融资申请
12	上市公司股东8	10,000,000.00	208.00	融资申请
13	上市公司股东9	208,000,000.00	198,000,208.00	融资申请
14	上市公司股东10	190,000,000.00	190.00	融资申请

图 13-19　融资交易

为需要融资的投资者或大股东点击"申请融资"，填写具体融资信息和质押股票信息便可融资，如图 13-20、图 13-21 所示。

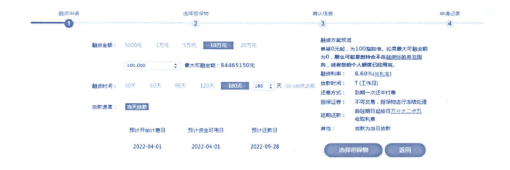

图 13-20　融资申请

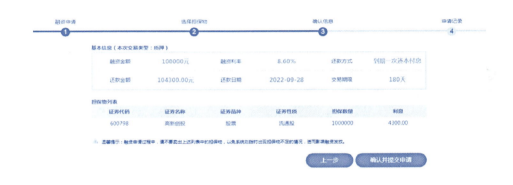

图 13-21　确认信息

按照同样的操作，多位投资者或上市公司大股东可申请融资，如图 13-22 所示。

系统性风险仿真 - 证券公司 - 融资交易记录

融资编码：请输入融资编码…　融资对象：请选择…　查询

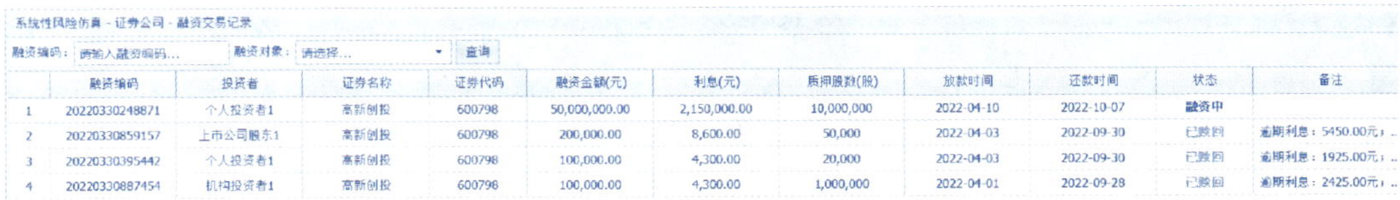

	融资编码	投资者	证券名称	证券代码	融资金额(元)	利息(元)	质押股数(股)	放款时间	还款时间	状态	备注
1	20220330248871	个人投资者1	高新创投	600798	50,000,000.00	2,150,000.00	10,000,000	2022-04-10	2022-10-07	融资中	
2	20220330859157	上市公司股东1	高新创投	600798	200,000.00	8,600.00	50,000	2022-04-03	2022-09-30	已赎回	逾期利息：5450.00元；..
3	20220330395442	个人投资者1	高新创投	600798	100,000.00	4,300.00	20,000	2022-04-03	2022-09-30	已赎回	逾期利息：1925.00元；..
4	20220330887454	机构投资者1	高新创投	600798	100,000.00	4,300.00	1,000,000	2022-04-01	2022-09-28	已赎回	逾期利息：2425.00元；..

图 13-22　融资交易记录

当机构投资者面临资金短缺时，可以通过融资交易进行融资。如机构投资者 1 质押合生地产 1 000 000 股融得资金 10 万元，如图 13-23 所示。

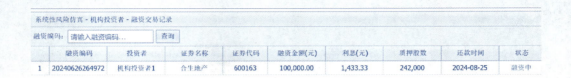

系统性风险仿真 - 机构投资者 - 融资交易记录

融资编码：请输入融资编码...		查询							
	融资编码	投资者	证券名称	证券代码	融资金额(元)	利息(元)	质押股数	还款时间	状态
1	20240626264972	机构投资者1	合生地产	600163	100,000.00	1,433.33	242,000	2024-08-25	融资中

图 13-23　机构投资者－融资交易记录

机构投资者还可以通过贷款来缓解资金链的压力，如图 13-24 所示。

系统性风险仿真 - 机构投资者 - 贷款交易记录

贷款对象：请选择...		查询					
	贷款对象	贷款金额(元)	贷款利息(元)	贷款利率(‰)	还款时间	贷款状态	贷款
1	机构投资者1	10,000.00	30.00	3	2024-07-26	已赎回	

图 13-24　贷款交易记录

任务 14：商业银行至少要投放 3 笔流动性贷款
此时先切换身份，将上市公司大股东转为商业银行，如图 13-25 所示。

图 13-25　选择角色

在投放流动性资金中，选择贷款对象、贷款金额、贷款期限、贷款利息等信息后投放贷款，向机构、个人投资者投放 3 笔以上贷款，如图 13-26 所示。

图 13-26　投放流动资金－选择投放

任务 15：证监会至少要发布 1 次普通公告信息

证监会发布普通公告信息时，先点击"发布"，填写相关的公告信息，然后点击"保存"即可发布公告，如图 13-27 所示。

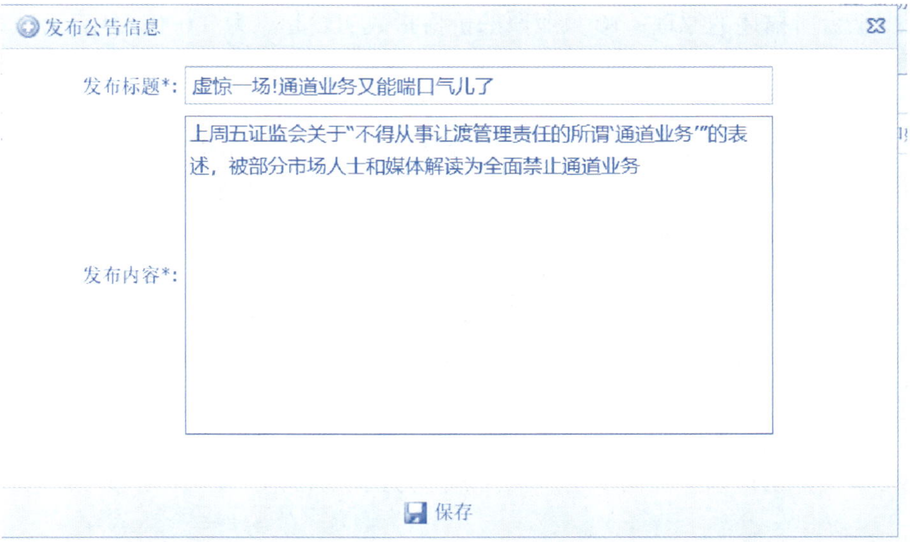

发布公告信息

发布标题*：虚惊一场!通道业务又能喘口气儿了

发布内容*：上周五证监会关于"不得从事让渡管理责任的所谓'通道业务'"的表述，被部分市场人士和媒体解读为全面禁止通道业务

保存

图 13-27　发布公告信息

任务 16：证监会至少要发布 1 次行政公告信息

证监会发布行政公告信息时，先点击"发布"，填写行政公告信息，然后点击"保存"即可发布信息，如图 13-28 所示。

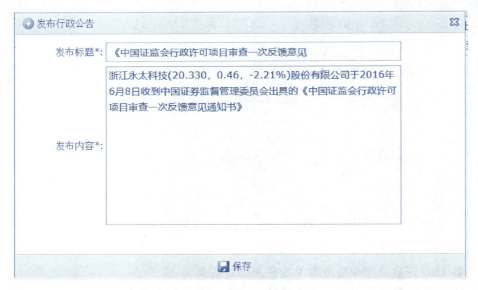

图 13-28　发布行政公告信息

任务 17：通过证券交易，操作出系统性风险

根据平台所描述的原理：10 只股票的价格指数初始起点为 3 000，从有第一笔成功股票买卖交易起，系统开始计时并开始绘制市场指数走势图，系统默认现实时间的 5 分钟为虚拟时间的 1 日，5 分钟一到进入下一天，系统会取这 5 分钟内每一只股票最后一笔成交价作为该只股票的现价，当市场价格指数下跌了初始指数的 20% 时，市场状态变为系统性风险；当市场状态为系统性风险时，证券交易所可以操作紧急停市，紧急停市状态下不能进行交易操作。

根据原理，以现实时间的 5 分钟为虚拟时间的 1 日，为达到市场系统性风险，大股东采取以远低于默认市场价格大量购置以及卖出证券，使得市场几个指数下跌到初始指数的 20%，市场状态达到系统性风险，证券市场可以操作紧急停市。

对市场各类投资者账户下的相应证券进行卖出/加仓的交易。需要以较低的价格委托下单，并且确认委托交易（具体步骤与前面相同），使得多只股票的成交价下降，进而使得市场价格指数下降到产生系统性风险为止，如图 13-29、图 13-30 所示。

图 13-29　历史记录查询

图 13-30　交易页面

经过多轮对股票价格进行操控，市场指数从初始的 3 000 点下跌到约 2 200 点，达到了产生系统性风险的要求，产生了系统性风险，如图 13-31 所示。

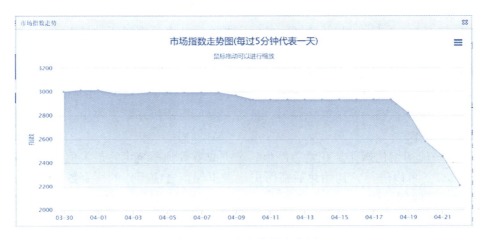

图 13-31　市场指数走势图

任务 18：证券交易所至少完成紧急停市操作 1 次

由于系统性风险的产生，证券交易所必须宣布紧急停市。证券交易所在"紧急停市"页面下点击"紧急停市"，市场上所有交易暂停，等待市场恢复正常之后再开市，如图 13-32 所示。

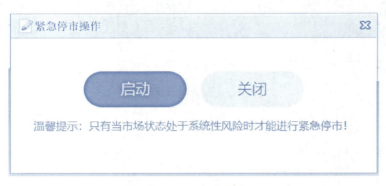

图 13-32　紧急停市

12.3.3　备注

（1）上市公司回购并注销若干股票，回购数量最多不超过该只股票总股本的 10%。

（2）10 只股票的价格指数初始起点为 3 000，从有第一笔成功股票买卖交易起，系统开始计时并开始绘制市场指数走势图，系统默认现实时间的 5 分钟为虚拟时间的 1 日，5 分钟一到进入下一天，系统会取这 5 分钟内每一只股票最后一笔成交价作为该只股票的现价，当市场价格指数下跌了初始指数的 20% 时，市场状态变为系统性风险。

（3）系统默认现实 5 分钟为虚拟 1 日，倒计时 5 分钟后进入下一天（每 5 分钟生成一个指数点），系统绘制 60 个指数点后市场流动结束。市场流动结束后，不能对股票进行操作。

（4）融资、贷款成功后系统开始计时，本模块采用虚拟时间计时，现实时间的 5 分钟等于虚拟时间的 1 日。

（5）当市场状态为系统性风险时，证券交易所可以操作紧急停市，紧急停市下不能进行交易操作。

（6）系统初始化操作是在紧急停市状态下或者等到系统走完最大值时（系统绘制 60 个指数点）可以进行，初始化后在历史记录里保留之前操作的所有数据、市场状态和股票价格都回到最初。

第 14 章 反金融诈骗

14.1 实验目的

在这部分互联网金融实战的操作中，投资者一共分为诈骗公司与上当受骗的投资者两部分，用以模仿金融诈骗中较为著名的"庞氏骗局"。庞氏骗局是将后一轮投资者的投资作为投资收益支付给前一轮的投资者，不断重复这一过程，依此类推，使卷入的人和资金越来越多；但由于投资者和资金是有限的，当投资者和资金难以为继时，诈骗公司就会卷款逃跑。

14.2 实验要求

（1）投资者至少提现 3 次。
（2）投资管理有限公司至少发布 3 个项目。
（3）投资者至少认购 3 个投资产品。
（4）投资管理有限公司发放 5 个投资回报。
（5）投资管理有限公司崩盘 2 次。

14.3 实验内容

反金融诈骗流程图如图 14-1 所示。

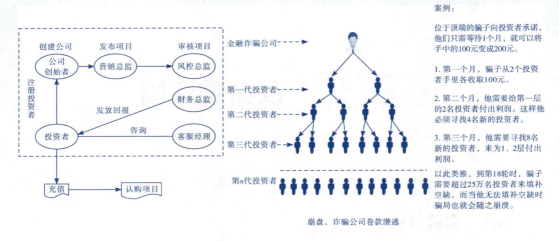

案例:

位于顶端的骗子向投资者承诺,他们只需等待1个月,就可以将手中的100元变成200元。

1. 第一个月,骗子从2个投资者手里各收取100元。

2. 第二个月,他需要给第一层的2名投资者付出利润。这样他必须寻找4名新的投资者。

3. 第三个月,他需要寻找8名新的投资者,来为1、2层付出利润。

以此类推,到第18轮时,骗子需要超过25万名投资者来填补空缺。而当他无法填补空缺时骗局也就会随之崩溃。

崩盘,诈骗公司卷款潜逃

图 14-1　反金融诈骗流程图

14.3.1　第一轮:信任骗取

首先,学生登录账户,在首页开设银行卡,如图 14-2 所示。开卡时注意记录下所填写的身份证号码、手机号码、银行卡交易密码等信息,以便后续进行反金融诈骗的模拟操作。

图 14-2　我的钱包

第一步是公司创始人注册诈骗公司,即在切换角色中选择"公司创始人",然后点击左上方的"注册公司",进入页面后再点击右上方的"注册"进行具体的公司注册。在具体公司的注册中,需要填写公司名称、注册资本、座机号码、办公地址、经营范围等信息。在完成公司注册后,再点击选择注册好的公司,即可进行下一步操作。

查看公司信息	
公司名称：	第一投资管理有限公司
注册资本(万元)：	100000
初始资金(万元)：	100
统一社会信用代码：	637852089925717581
座机号码：	020-87555912
办公地址：	华南农业大学
经营范围：	教育
房租(元)：	50000
人工成本(元)：	50000
其他成本(元)：	50000
消费支出(元)：	10000
✖ 取消	

图 14-3　注册公司信息

　　第二步是投资者在诈骗公司注册用户，切换用户至"投资者"之后需先在左边选择"注册用户"，点击之前公司创始人创立的诈骗公司，按"选择"；完成后，再选择左边的"我的账户""充值"，对自己的账户进行充值提现。用户基本信息如图 14-4 所示。

基本信息	用户57	
	投资账户：	9685391012
	用户状态：	正常
	身份信息：	445221200108121214
	银行信息：	6263785208374096383　中国银行
我的资产	2000.50 元	充值　提现　资金记录

图 14-4　用户基本信息

第三步是诈骗公司营销总监发布高回报项目，切换用户至“营销总监”，选择“发布项目”，点击右上方的“新建产品”，如图 14–5 所示。

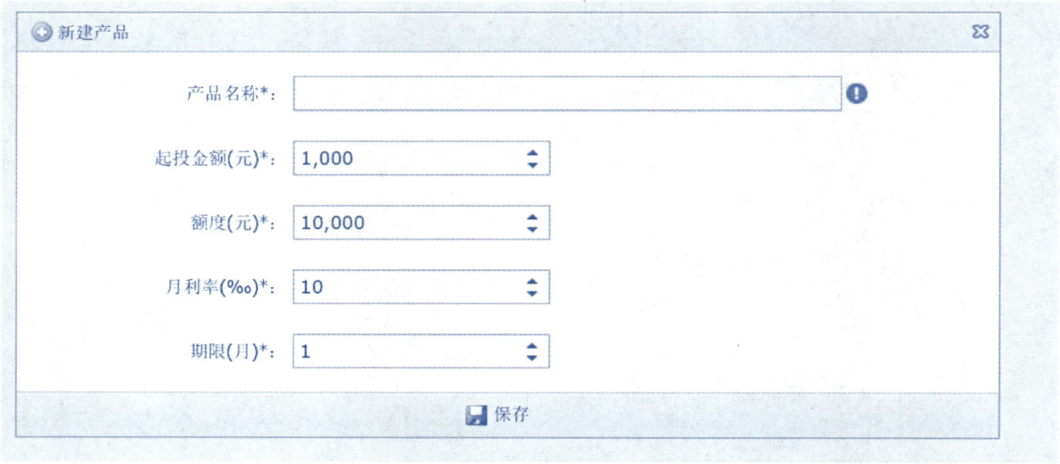
新建产品
产品名称*：
起投金额(元)*：
1,000
额度(元)*：
10,000
月利率(‰)*：
10
期限(月)*：
1
保存

图 14-5 新建项目

第四步是风控总监进行审核，用户切换至“风控总监”，选择“项目管理”，对项目进行审核通过的操作，如图 14–6 所示。

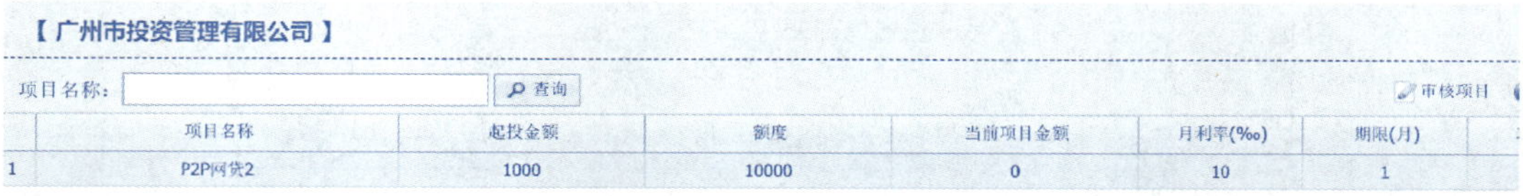
【广州市投资管理有限公司】
项目名称：
查询
审核项目
项目名称
起投金额
额度
当前项目金额
月利率(‰)
期限(月)
1
P2P网贷2
1000
10000
0
10
1

图 14-6 审核项目

第五步是投资者投资，用户切换至“投资者”，选择“项目认购”，如图 14–7 所示。

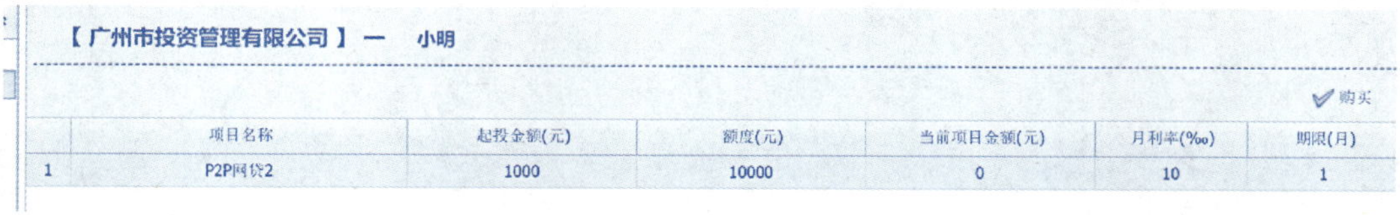
【广州市投资管理有限公司】— 小明
购买
项目名称
起投金额(元)
额度(元)
当前项目金额(元)
月利率(‰)
期限(月)
1
P2P网贷2
1000
10000
0
10
1

图 14-7 项目认购

第六步是财务总监发放相应回报，用户切换至“财务总监”，在投资到期后，选择右上方的“发放回报”，吸引投资者进行进一步的投资，如图 14–8 所示。

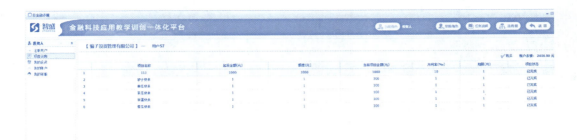

图 14-8　发放回报

由此第一轮操作结束，诈骗公司已经初步获得了投资者的信任，但为了给第一代投资者发放高额利润回报，接下来需要向第二代投资者承诺高回报骗取其投资，以此类推，到第 *n* 代投资者投资时，诈骗公司已经无法填补空缺，骗局崩溃，诈骗公司卷款逃跑，接下来第二轮、第三轮将对这一过程进行模拟。

14.3.2　第二轮：继续吸纳资金，缺口不断扩大

第一步是营销总监继续发布高额回报项目，切换用户至"营销总监"后，选择利率更高、期限为一个月的项目，如图 14-9 所示。

【 广州市投资管理有限公司 】

项目名称：					
	项目名称	起投金额	额度	当前项目金额	月利率(‰)	期限(月)
1	高息回报	10000	10000	0	50	1
2	P2P网贷2	1000	10000	0	10	1

图 14-9　发布高额回报项目

第二步是风控总监进行审核，同理，风控总监对项目进行审核通过的操作，如图 14-10 所示。

【 第一投资管理有限公司 】

项目名称：						
	项目名称	起投金额	额度	当前项目金额	月利率(‰)	期限(月)	项目状态
1	茴香快串	10000	100000	1000000	40	1	已完成
2	鑫富快串	100000	1000000	500000	20	1	正常
3	地瓜快串秘籍	1000	100000	70000	10	12	正常

图 14-10　风控审核

第三步是投资者投资，选择"项目认购"以模拟投资者给予诈骗公司信任，之后，进行更多的项目投入，如图 14-11 所示。

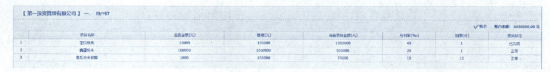

图 14-11　项目认购

第四步财务总监进行资金提取，不同于第一轮的是，此时诈骗公司已经没有足够的资金支付第二轮的投资回报，资金显得捉襟见肘，需要进行第三轮的资金骗取以支付第二轮的回报，同时进行更多的资金骗取。

14.3.3　第三轮：缺口难以弥补，公司崩盘，卷款逃跑

第一步是营销总监进行最后一轮的高额回报项目的发布，切换至"营销总监"后，选择发布利率更高、期限为一个月的项目。

第二步同样是风控总监进行审核，同理，风控总监对项目进行审核通过的操作。

第三步是投资者投资，选择"项目认购"后，分别对已发布的项目进行投资。

但是，很显然诈骗公司已再无能力给投资者发放投资回报了。待投资到期，诈骗公司无法填补空缺，骗局随之崩溃，诈骗公司卷款潜逃，公司因此崩盘。

14.3.4　备注

（1）注册公司后可获取初始资金 100 万元，该资金在公司财务总监的信息中可以查看。

（2）公司每月需支付的成本包括房租、人工成本、消费支出、其他成本等，由系统自动扣除。当公司资金不足以支付成本时，公司会陷入破产状态。另外，当公司资金不足以发放投资者回报时，公司也会破产。

（3）投资者认购项目时，投资金额需大于或等于起投金额。

（4）财务总监发放回报需要等到投资到期，即倒计时为 0 后，方可发放回报。

（5）财务总监可以提取金额，每提取一笔，公司资金账户中会减少相应的金额，借此模拟现实生活中金融诈骗公司老板卷款跑路。

（6）该模块虚拟时间的 2 分钟等于现实时间的一个月。

第 15 章 实习报告

15.1 实习报告页面

在学生端主页上点击“实习报告”按钮，如图 15-1 所示。

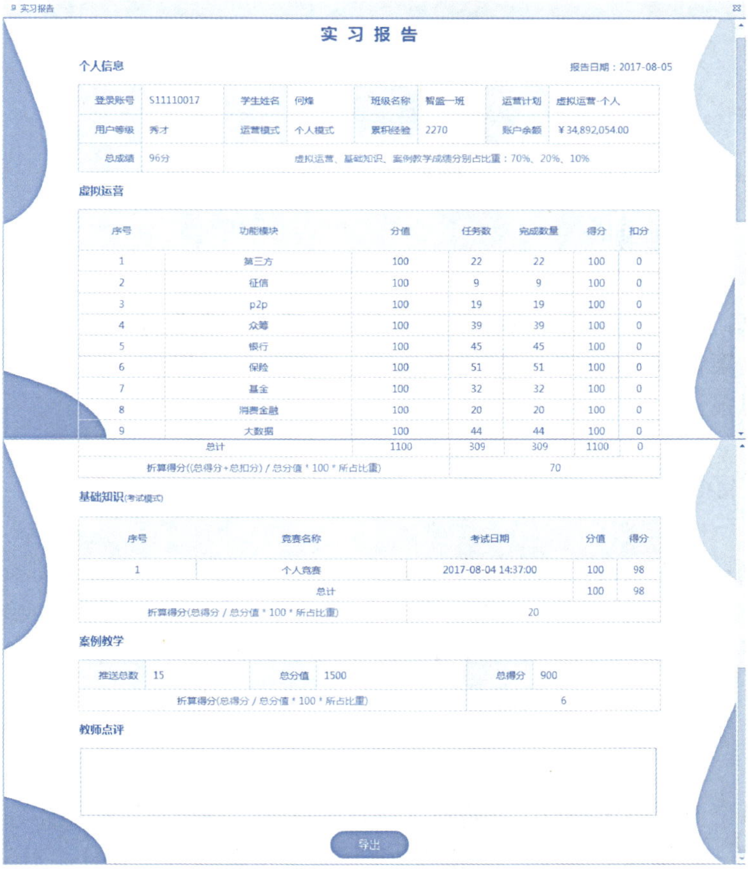

图 15-1　实习报告

15.2　实习报告功能

学生在这里可查看总体的成绩得分情况，如图 15-2 所示。

总计		1100	309	309	1100	0
折算得分((总得分+总扣分) / 总分值 * 100 * 所占比重)			70		

基础知识(考试模式)

序号	竞赛名称	考试日期	分值	得分
1	团队考试	2017-08-04 15:59:03	100	50
	总计		100	50
折算得分(总得分 / 总分值 * 100 * 所占比重)		10		

案例教学

推送总数	4	总分值	400	总得分	360
折算得分(总得分 / 总分值 * 100 * 所占比重)			9		

教师点评

[导出]

图 15-2　查看成绩

15.2.1　个人模式

成绩查询：学生查询本人成绩，包括实训的虚拟运营任务成绩、基础知识（考试模式）成绩、案例教学成绩和按比重百分化后的总成绩。扣分是人工评分环节的扣分。可以导出实习报告。

15.2.2　团队模式

成绩查询：学生查询团队中的本人学习成绩，包括团队模式下虚拟运营任务成绩（团队中的四个人成绩相同）、基础知识（考试模式）成绩、案例教学成绩和按比重百分化后的总成绩。扣分是人工评分环节的扣分。可以导出实习报告。

15.2.3　人工扣分

学生端每个业务模块的右上方都有人工评分标准。每个模块需要评分的项目不同，评分标准不同。教师在后台管理端根据人工评分标准进行人工评分，对学生填写的资料信息进行审核，看语言是否通顺合理、规范认真。在扣分范围内可适当减分。

第 16 章　Admin 后台管理端

16.1　Admin 后台管理端概述

Admin 后台管理端有系统管理、题库管理、云课堂和案例教学四个部分。系统管理员具有最高权限，可以创建机构、管理教师、编辑题库、上传课件。

16.2　系统管理

16.2.1　机构设置

机构设置具有以下功能。

（1）新增机构：点击"新增"按钮，填写机构名称和用户数量，选择模块权限和机构到期时间，如图 16-1 所示。

图 16-1　新增机构

（2）修改机构：选择一条已增加的机构，双击该机构或点击"修改"按钮，即可修改机构，如图 16-2 所示。

图 16-2　修改机构

（3）删除机构：选择一条已增加的机构，点击"删除"按钮，即可删除该机构，如图 16-3 所示。

图 16-3　删除机构

16.2.2　教师管理

（1）教师管理页面。

点击"教师管理"，选择机构名称，如图 16-4 所示。

图 16-4　教师管理页面

（2）教师管理功能。

①新增教师用户：点击"新增"按钮，可以新增教师用户。填写新建账号所需的基本信息，最后选择权限是否允许上传（上传内容为一些教学资源），如图 16-5 所示。

图 16-5　新增教师用户

②删除教师用户：选择一条已增加的教师用户栏，点击"删除"按钮，即可删除该教师用户，如图 16-6 所示。

图 16-6　删除教师用户

③修改教师信息：选择一条已增加的教师用户栏，双击该教师用户栏，或者点击"修改"按钮，即可修改教师信息，如图 16-7 所示。

图 16-7 修改教师信息

16.3 题库管理

题库管理主要是添加或上传每个业务模块的练习题，题型分为单选题、多选题、判断题，难易程度分为简单、一般、难，用于学生的平时练习和比赛考题。

（1）新增习题。

点击"新增"，选择所属模块、难度，填写题目、选项、答案、解析并保存，即可新增习题，如图 16-8 所示。

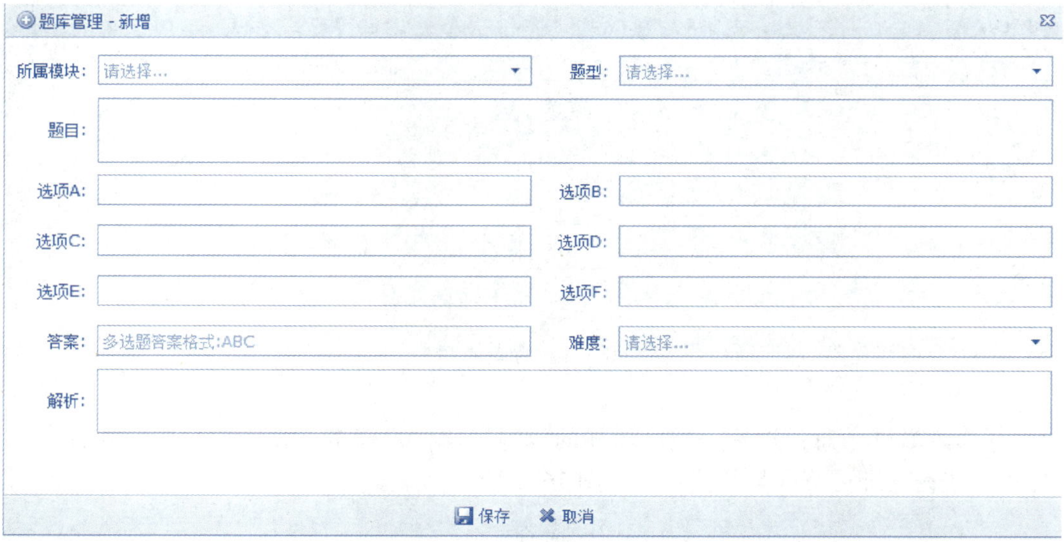

图 16-8 新增习题

（2）批量导入。

选择"批量导入"，点击"浏览"选择需导入的习题，即可进行导入，如图 16-9 所示。

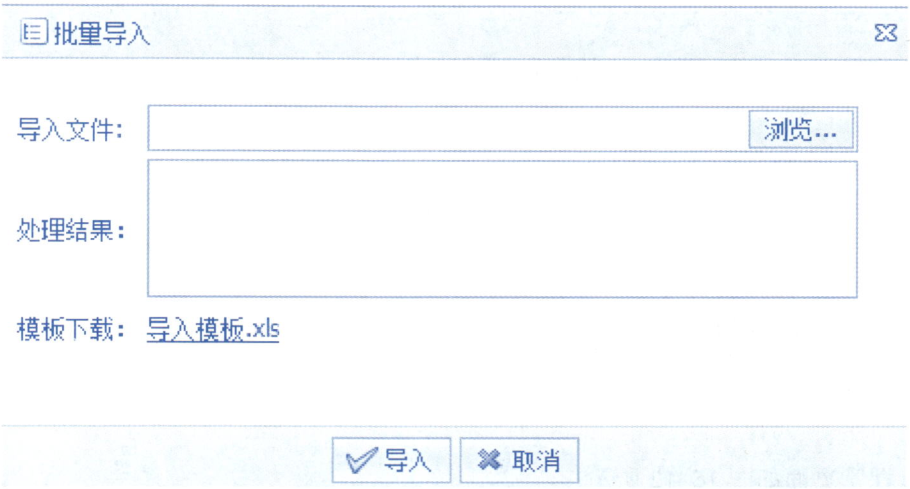

图 16-9　批量导入

（3）修改习题。

选择一条已增加的题目，双击该题目，或者点击"修改"按钮，即可修改习题，如图 16-10 所示。

图 16-10　修改习题

（4）删除习题。

选择一条已增加的题目，点击"删除"按钮，即可删除习题，如图16-11所示。

图 16-11　删除习题

16.4　云课堂

16.4.1　云课堂页面

云课堂页面如图16-12所示。

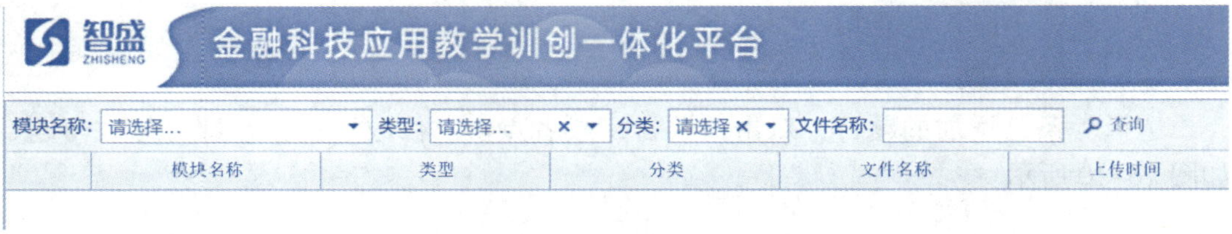

图 16-12　云课堂页面

16.4.2　云课堂功能

在云课堂可上传每个模块相关的企业案例、教学案例，分为文档、视频、课件的形式，让学生学习相关知识，双击可查看。

（1）资料上传。

点击"上传"，选择所需上传的模块名称（业务模块）、类型（企业案例、教学案例、其他）、分类（文档、视频、课件），输入文件名称，点击"浏览"选择所需上传文件并保存，即可上传资料，如图16-13所示。

图 16-13　资料上传

（2）资料下载。

选择一条已有的资料，点击"下载"，即可下载资料，如图 16-14 所示。

图 16-14　资料下载

16.4.3　课件资源页面与功能

点击桌面上的"云课堂"选择一个业务模块进入，就可以查看到相应的课件资源，如图 16-15、图 16-16 所示。

本产品有 8G 课件资源，包含所有业务模块，有课件、视频、文档三种形式。学生可对教师上传的课件和资源进行查看和下载。

图 16-15　云课堂

第三方支付 是指具备一定实力和信誉保障的独立机构，采用与各大银行签约的方式，提供与银行支付结算系统接口的交易支付平台式。在第三方支付模式中，买方选购商品后，使用第三方平台提供的账户进行货款支付（支付给第三方），并由第三方通知卖家货款到账、收到货物，检验货物，并且进行确认后，再通知第三方付款；第三方再将款项转至卖家账户。

2017年1月13日下午，中国人民银行发布了一项支付领域的新规定《中国人民银行办公厅关于实施支付机构客户备付金集中存管有关明确了第三方支付机构在交易过程中，产生的客户备付金，今后将统一交存至指定账户，由央行监管，支付机构不得挪用、占用客户备付两会之后，央行进一步加大了对于互联网金融的监管力度。业内专家指出，在当前支付革命性创新的时代大潮下，央行对于互联网金融场纠偏，平衡权益，降低风险淤积。同时也是进一步强化第三方支付企业完备自身风控和安全体系的有效措施。

课件	视频	文档			查询

号	类型	文件名称	文件类型	上传人	上传时间
1	其他	中国正式放开银行卡清算准入	pptx	系统管理员	2021-07-20 15:36:57
2	其他	浙江易士被央行注销支付牌照+成首个被注销机构	pptx	系统管理员	2021-07-20 15:36:35
3	其他	招商银行试点ATM刷脸取钱	pptx	系统管理员	2021-07-20 15:36:05
4	其他	银行助力，手机也能ATM取钱	pptx	系统管理员	2021-07-20 15:35:39
5	其他	银联携手Apple+Pay，展望全民NFC支付时代	pptx	系统管理员	2021-07-20 15:35:19
6	其他	移动支付市场三星电子奋起直追	pptx	系统管理员	2021-07-20 15:34:55
7	其他	移动支付格局之战	pptx	系统管理员	2021-07-20 15:34:32
8	其他	小米等公司抢占互金入口，第三方支付牌照沉卖起抢检24?	pptx	系统管理员	2021-07-20 15:34:10

图 16-16　云课堂课件

16.5　案例教学

16.5.1　案例教学页面

案例教学页面如图 16-17 所示。

案例教学	案例管理				
案例管理	所属模块：请选择...　×　▾	标题：			查询
案例推送		所属模块	标题	类型	创建人
案例点评	1	反金融诈骗	反金融诈骗第一讲	文档	系统管理员
成绩查询	2	众筹	综合众筹平台：京东众筹.	文档	系统管理员
评价标准	3	众筹	中国式众筹：熟人众筹.	文档	系统管理员
	4	众筹	汽车众筹：中e财富.	文档	系统管理员
	5	众筹	企业案例-影视众筹：大鱼海棠.	文档	系统管理员

图 16-17　案例教学页面

16.5.2　案例教学功能

这里可以上传每个业务模块的一些配套案例，包括文档、视频等形式，可作为教学资源，让教师更生动地教学，学生更快更深入地理解其知识点。

（1）新增教学案例。

点击"新增"，选择所需增加的模块，输入标题，选择类型，点击"浏览"选择文件并保存，即可新增教学案例，如图 16–18 所示。

图 16–18　新增案例管理

（2）删除教学案例。

选择一条已有的案例，点击"删除"按钮，即可删除教学案例，如图 16–19 所示。

图 16–19　删除教学案例

16.6　修改密码

点击鼠标右键，选择"修改密码"，可以修改 Admin 端的密码，如图 16–20、图 16–21 所示。Admin 端具有最高权限，请妥善保存 Admin 端的密码。

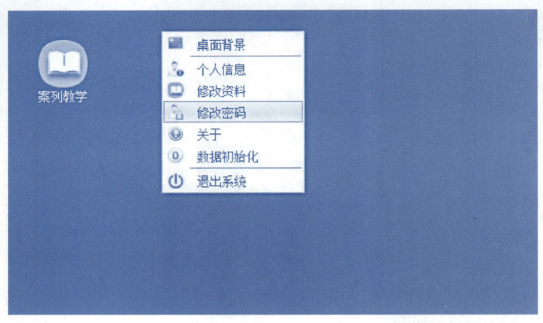

图 16-20　修改密码

修改密码

原密码：●●●●●●

新密码：●●●●●●

确认密码：●●●●●●

✓确定　✖取消

图 16-21　更改密码

16.7　数据初始化

点击鼠标右键，选择"数据初始化"，可以初始化系统中的所有数据，系统回归到安装时的状态。请谨慎使用此功能。

第17章 教师端管理后台

17.1 教师端概述

教师端有系统管理、云课堂、创新创业、案例教学、任务设置、资金管理、操作查看、成绩查看、实习报告等9个功能模块。

教师登录教师端，可查看学生的学习情况和表现，对教学内容进行补充和修订、开放程度的控制，发布任务计划，进行案例推送、资金充值等。

教师用户只能查看自己管理的班级及学生，管理自己的课件、资源、实训操作、情景模拟等内容，每节课可同时存在多个课件、案例及动画视频等。教师用户登录系统后，选择进入管理系统或教学系统。教师用户也可以关联学生用户登录学生系统。

图 17-1　教师端页面

17.2　系统管理

系统管理包括班级管理、团队管理、用户管理和 IP 限制。

17.2.1　班级管理

（1）班级管理页面。

点击"班级管理"，可看到如图 17-2 所示的页面。

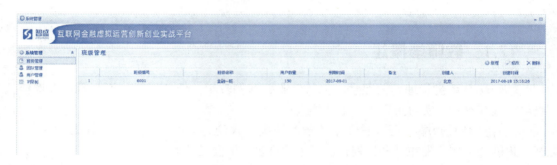

图 17-2　班级管理页面

（2）班级管理功能。

①新增班级：点击"新增"按钮即可新增班级。到期时间不能大于所在机构的到期时间。新增班级时，需要输入一个四位数字的班级编号，作为这个班级的用户账号的前四位数字。班级编号不能重复。

图 17-3　新增班级

②删除班级：选择一条已增加的班级，点击"删除"按钮，即可删除班级，如图 17-4 所示。

图 17-4　删除班级

③修改班级：选择一条已增加的班级，双击该班级，或者点击"修改"按钮，即可修改班级，如图 17-5 所示。

图 17-5　修改班级

17.2.2　团队管理

选择已建好的班级名称和计划名称可以查询当前班级和计划下的团队数量、名称人数、状态等基本情况，如图 17-6 所示。

图 17-6　团队管理页面

17.2.3　用户管理

（1）用户管理页面。

点击"用户管理"，可看到如图 17–7 所示的页面。

图 17–7　用户管理页面

（2）用户管理功能。

①新增用户。

单个新增：点击"新增"按钮，选择已经创建的班级名称，登录账号前四个数字为班级编号，后四个数字从 1 开始自动往后面累加，到期时间为此账号可以登录的有效期，如图 17–8 所示。

⊕ 用户管理 - 新增	✕
班级名称*：	互联网金融一班　▼
登录账号*：	S66050002
密　　码*：	1
真实姓名*：	王明
学　　号：	20170705
性　　别*：	男　　　　▼
联系电话：	
邮　　箱：	
到期时间*：	2018-07-05　▦
💾 保存　　✖ 取消	

图 17–8　新增用户

批量新增：点击"批量新增"按钮，选择已经创建的班级名称，选择要添加的用户数（1～100），如图 17-9 所示。

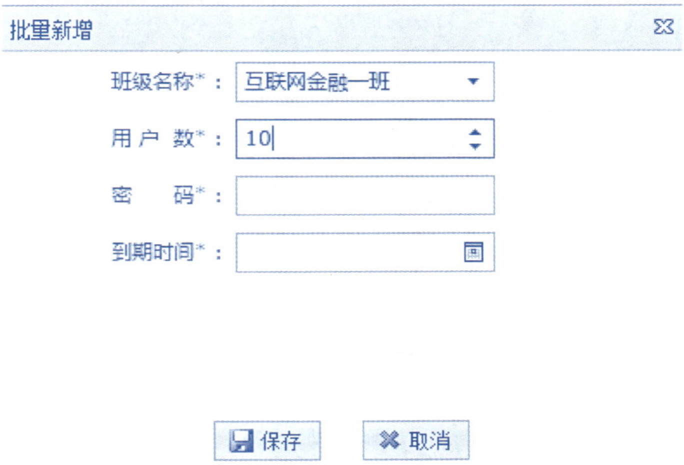

图 17-9　批量新增

②删除学生信息。

查询对应的班级，选择一条已增加的学生，点击"删除"按钮，即可删除学生信息，如图 17-10 所示。

图 17-10　删除学生

③修改学生信息。

单个修改：选择一条已增加的学生，双击该学生，或者点击"修改"按钮，即可修改学生信息，如图 17-11 所示。

图 17-11　修改学生

④查看学生信息。

增加完学生后，点击左边，选择相应班级，会显示对应班级所有学生的信息。

⑤批量修改到期时间。

点击"批量修改"按钮，如图 17-12 所示，即可进行到期时间的批量修改。

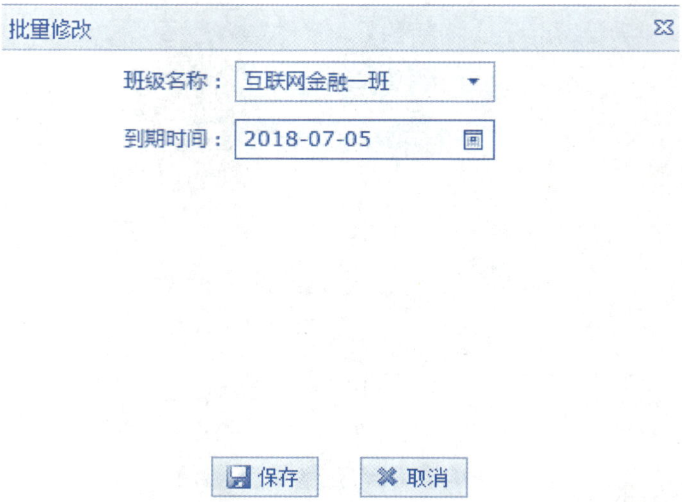

图 17-12　批量修改到期时间

17.2.4　IP 限制

（1）IP 限制页面。

点击"IP 限制"，可见如图 17-13 所示的页面。

图 17-13　IP 限制页面

（2）IP 限制功能。

①新增 IP 限制：点击"新增"按钮，即可新增 IP 限制，如图 17-14 所示。

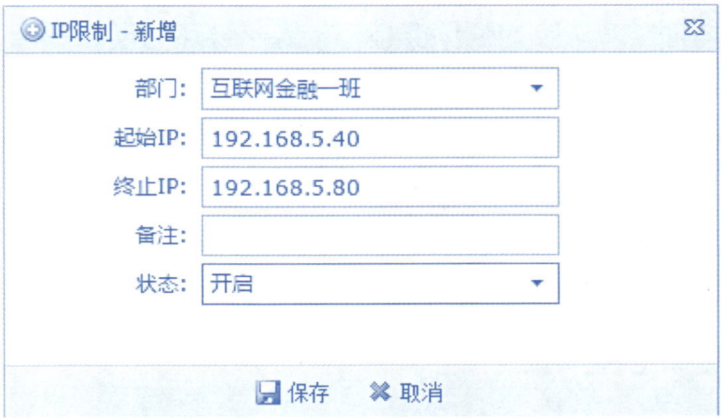

图 17-14　新增 IP 限制

②删除 IP 限制：选择一条已增加的 IP 限制信息，点击"删除"按钮，即可删除 IP 限制，如图 17-15 所示。

图 17-15　删除 IP 限制

③修改 IP 限制：选择一条已增加的 IP 限制信息，双击或者点击"修改"按钮，即可修改 IP 限制，如图 17-16 所示。

图 17-16　修改 IP 限制

17.3　创新创业

17.3.1　创新创业页面

创新创业页面如图 17-17 所示。

图 17-17　创新创业页面

17.3.2　创新创业功能

教师可以查看学生的创新创业设计情况，可以进行评论、点赞、关注，与学生交流互动，如图 17-18 所示。

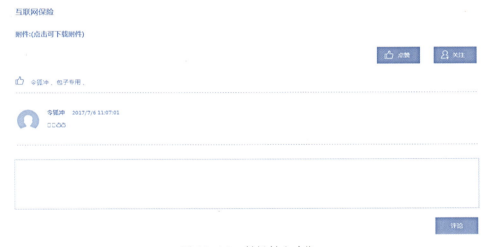

图 17-18　创新创业功能

17.4　案例教学

17.4.1　案例教学页面

案例教学页面如图 17-19 所示。

图 17-19　案例教学页面

149

17.4.2 案例教学功能

（1）案例管理。

通过案例管理功能，可以查看所有模块案例。

①新增案例：点击"上传"，选择所需上传的模块名称（业务模块），输入文件名称，选择是否共享、类型（文档、视频），点击"浏览"选择所需上传文件并保存，如图17-20所示。（注意：教师端上传的资源需要Admin管理后台端审核通过后才能生效）

图17-20　新增案例管理

②删除案例：选择一条已上传的案例，点击"删除"，即可删除案例，如图17-21所示。

图17-21　删除案例

（2）案例推送。

选择所需推送的案例，推送成功后在学生端案例教学中才可以对此案例进行查看、分析，如图17-22所示。

图 17-22　案例推送

（3）案例点评。

教师对学生已分析的案例可以进行点评、打分，如图 17-23 所示。

图 17-23　案例点评

（4）成绩查询。

可以查看到某个班级某个计划下所有教师进行过案例点评打分的学生成绩，并且可以把成绩导出，如图 17-24 所示。

图 17-24　成绩查询

（5）评价标准。

教师选择不同的班级，并给案例报告评价标准的每一个考核项目提供一个参考分值，学生可根据参考分值进行案例分析，如图 17-25 所示。

案例分析报告评价标准

考核项目	考核内容	参考分值
案例概要	尊重事实，叙述简明，突出案例分析要点	0 ⬍
案例原因分析	能够对问题进行分类，分析问题全面，准确分析主要问题，分析充分、透彻	0 ⬍
解决问题的对策	根据原因分析的结论，有逻辑、有组织地提出对应的解决方法	0 ⬍
专业理论依据	相关法律条款、行业规范、教学内容等	0 ⬍
案例反思	举一反三，推广经验，总结教训，完善经营	0 ⬍
格式要求	格式正确，语言流畅	0 ⬍
创新点	观点、对策及方案有创新	酌情加分

图 17-25　案例分析报告评价标准

17.5　任务设置

任务设置包括计划管理、任务管理和组卷管理。

17.5.1　计划管理

（1）计划管理页面如图 17-26 所示。

图 17-26　任务管理页面

（2）计划管理功能。

在班级中创建计划，每一个计划下都要加入任务。

①新增计划：点击"新增"，选择已经创建好的班级，输入计划名称，选择操作模式（个人模式或团队模式），即可新增计划管理，如图 17-27 所示。

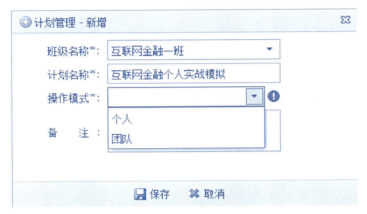

图 17-27　计划管理 - 新增

②修改计划：选择已创建好的计划，双击或者点击"修改"，即可修改计划，如图 17-28 所示。

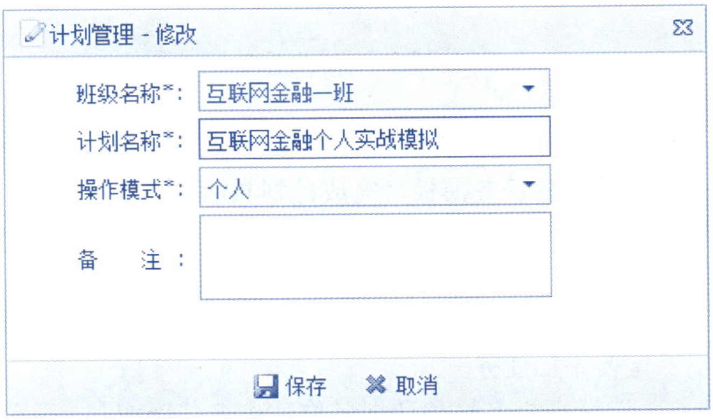

图 17-28　计划管理 - 修改

③激活计划：选择已经创建好的计划，点击"激活"后该计划才能生效，如图 17-29 所示。（备注：需要该计划下有任务才能激活）

计划名称	操作模式	提示信息	创建时间	备注	状态
1301团队-困难	团队	显示	2022-03-17 18:13:16		未激活
1301团队-一般	团队	显示	2022-03-17 18:13:03		未激活
1301团队-简单	团队	显示	2022-03-17 18:12:44		激活
1301个人-困难	个人	显示	2022-03-17 18:12:20		激活
1301个人-一般	个人	显示	2022-03-17 18:12:08		激活
1301个人简单	个人	显示	2022-03-17 18:11:53		激活

图 17-29 激活计划

④关闭计划：选择状态为激活的计划，点击关闭状态会变成未激活，如图 17-30 所示。

图 17-30 关闭计划

⑤导入：新建的计划里需要有任务才能激活，可以在任务管理中手动添加，也可以在这里直接导入系统内置的任务模板，完成计划激活。

17.5.2 任务管理

每一个计划下一定要添加任务。

（1）新增任务：选择班级名称和计划名称后点击"新增"，手动填写所需添加的模块任务，如图 17-31 所示。

图 17-31　新增任务

（2）修改任务：选择已添加好的任务，双击或者点击"修改"，即可修改任务，如图 17-32 所示。

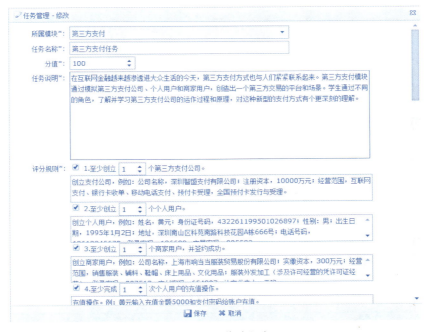

图 17-32　修改任务

（3）删除任务：选择已添加的任务，点击"删除"，即可删除任务，如图 17-33 所示。

图 17-33　删除任务

17.5.3　组卷管理

（1）组卷管理页面。

组卷管理页面如图 17-34 所示。

图 17-34　组卷管理页面

（2）组卷管理功能。

①新增组卷：选择班级和计划，点击"新增"，题数不能多于共有题数，分值为每一道题的分值，如图 17-35 所示。

图 17-35　新增组卷

②修改组卷：选择已有的组卷计划，双击或者点击"修改"，即可修改组卷，如图 17-36 所示。

图 17-36　修改组卷

③删除组卷：选择已存在的组卷计划，点击"删除"，即可删除组卷，如图 17-37 所示。

图 17-37　删除组卷

④激活组卷：选择已有的状态为关闭的组卷计划，点击"激活"，即可激活组卷，如图 17-38 所示。已经新增完的组卷计划，需要激活成功后方可在学生端基础知识中的考试模式中应用。

图 17-38　激活组卷

17.6　资金管理

如果操作时学生资金不足，教师可以在资金管理中为学生进行资金充值。充值分为团队充值和个人充值两种。

（1）团队充值。

点击"充值"，选择班级、计划、团队名称，输入充值金额进行充值，充值后记录会被保存，如图 17-39 所示。

图 17-39　团队充值

（2）个人充值。

点击"充值"，选择班级、计划、学生名称，输入充值金额进行充值，充值后记录会被保存，如图 17-40 所示。

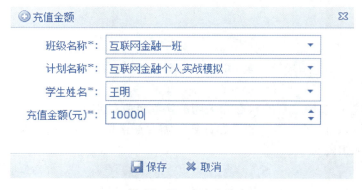

图 17-40　个人充值

17.7　操作查看

教师通过本模块可以查看到个人模式下虚拟运营、团队模式下虚拟运营、基础知识中学生的任务完成情况和基础知识的正误。

（1）虚拟运营 – 个人。

选择班级、计划、学生名称、模块名称，点击"查询"，即可查看学生个人的情况，如图 17-41 所示。

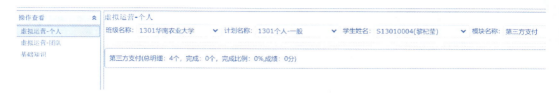

图 17-41　虚拟运营－个人

（2）虚拟运营－团队。

选择班级、计划、团队名称、模块名称，点击"查询"，即可查看团队的相关情况，如图 17-42 所示。

图 17-42　虚拟运营－团队

（3）基础知识。

选择班级、计划、标题、学生姓名，点击"查询"，即可查询基础知识的相关信息，如图 17-43 所示。

图 17-43　基础知识

17.8 成绩查看

17.8.1 成绩查看页面

成绩查看页面如图 17–44 所示。

图 17–44　成绩查看页面

17.8.2 成绩查看功能

教师通过本模块可以查看到个人模式下虚拟运营、团队模式下虚拟运营、基础知识中学生的成绩，进行个人和团队的人工评分。

1. 虚拟运营 – 个人

选择班级、计划，点击"查询"，如图 17–45 所示，可查看个人成绩。点击"导出"可生成 excel 格式进行下载。

图 17–45　虚拟运营 – 个人

2. 虚拟运营 – 团队

选择班级、计划，点击"查询"，如图 17–46 所示，可查看团队成绩。点击"导出"可生成 excel 格式进行下载。

图 17–46　虚拟运营 – 团队

3. 基础知识

选择班级、计划、标题，点击"查询"，如图 17-47 所示，可查看学生的基础知识成绩。点击"导出"可生成 excel 格式进行下载。

图 17-47　基础知识

4. 人工评分 – 个人

教师根据人工评分标准进行人工评分，对学生填写的资料信息进行审核，看语言是否通顺合理、规范认真。如果不通顺、不规范，那么在扣分范围内可适当减分。选择班级名称、计划名称、学生账号，点击"查询"，可查看到扣分记录。

（1）新增。

点击"新增"，如图 17-48 所示，选择班级名称、学生账号、计划名称、任务名称，点击"查询"，可以查看到学生填写的相应的资料信息，如图 17-49、图 17-50 所示。

图 17-48　人工评分 – 新增

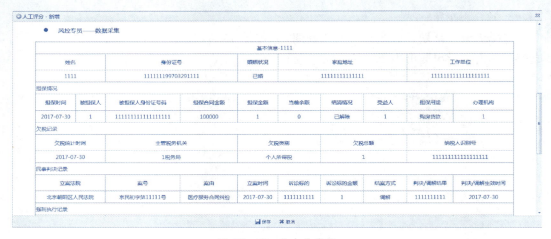

人工评分 - 新增

● 风控专员——数据采集

基本信息-1111				
姓名	身份证号	婚姻状况	家庭地址	工作单位
1111	111111199703291111	已婚	11111111111111	111111111111111111

担保情况

担保时间	被担保人	被担保人身份证号码	担保合同金额	担保金额	当前余额	结清情况	受益人	担保用途	办理机构
2017-07-30	1	111111111111111111	100000	1	0	已解除	1	购房贷款	1

欠税记录

欠税统计时间	主管税务机关	欠税类别	欠税总额	纳税人识别号
2017-07-30	1税务局	个人所得税	1	111111111111111111

民事判决记录

立案法院	案号	案由	立案时间	诉讼标的	诉讼标的金额	结案方式	判决/调解结果	判决/调解生效时间
北京朝阳区人民法院	京民初字第11111号	医疗服务合同纠纷	2017-07-30	1111111111	1	调解	1111111111	2017-07-30

强制执行记录

保存 取消

图 17-49 基本信息 I

人工评分 - 新增

强制执行记录

案号	申请执行标的	申请执行标的金额	案件状态	已执行标的	已执行标的金额
京民初字第11111号	11	111	执行中	111	11

行政处罚记录

处罚机构	文书编号	处罚内容	处罚金额	处罚生效日期	处罚截止日期	是否行政复议	行政复议结果
1111111111	第111号	111111	10000000	2017-07-30	2036-11-07	是	11111111

电信欠费记录

记账年月	电信运营商	业务类型	欠费金额	业务开通时间
2017-05-01	中国移动	固定电话	100	2017-01-01

其他欠费记录

欠费统计时间	欠费机构	欠费内容	欠费金额	欠费处理
2017-07-30	供电公司	111111111111	10000000	未处理

保存 取消

图 17-50 基本信息 Ⅱ

教师查看完资料后，如果认为学生成绩没达到要求可酌情再扣除一定分值，但不能大于得分值。扣分成功后记录会被保存。

（2）修改。

选择一条已扣分的记录，双击或者点击“进入”可以修改扣分分值，如图 17-51 所示。

图 17-51 修改扣分记录

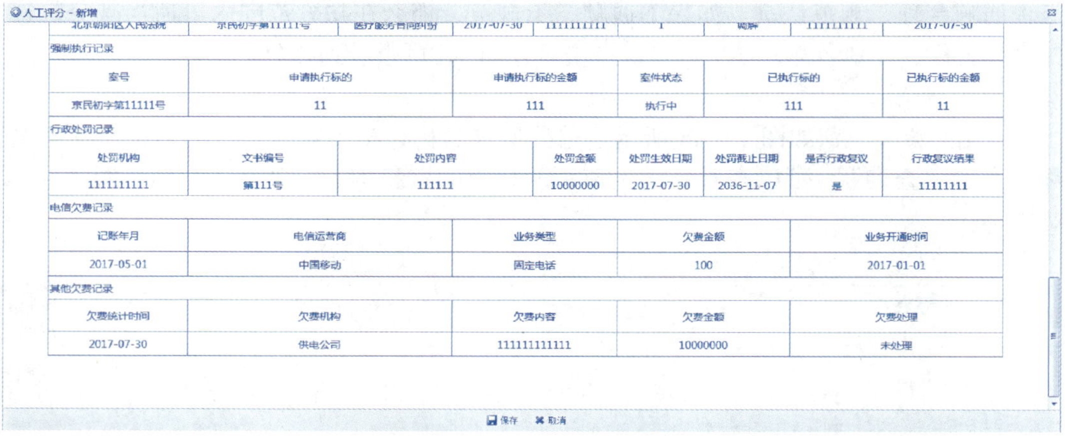

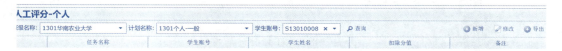

（3）导出。

选择扣分记录，点击"导出"，可以导出数据，用于打印等。

5. 人工评分－团队

（1）新增。

点击"新增"，选择班级名称、计划名称、任务名称、团队名称，点击"查询"，可以查看到团队下学生填写的相应资料信息。

教师查看完资料后，如果认为团队成绩没达到要求可酌情再扣除一定分值，但不能大于得分值。扣分成功后记录会保存。

（2）修改。

选择一条已扣分的记录，双击或者点击"进入"可以修改扣分分值。

（3）导出。

选择扣分记录点击"导出"，可以导出数据，用于打印等。

17.9　实习报告

17.9.1　实习报告页面

实习报告页面如图 17-52 所示。

图 17-52　实习报告页面

17.9.2　实习报告功能

（1）个人模式。

如图 17-53 所示，在实习报告的个人模式中，可以查询该班级对应计划下所有学生的成绩、所有学生的实习报告，教师可以对每一个学生的成绩进行点评；可导出该班级对应计划下所有学生的成绩、所有学生的实习报告，也可导出对应的个人实习报告。

实 习 报 告

个人信息

报告日期：2024-06-27

学生账号	S13010009	学生姓名	钟元	班级名称	1301华南农业大学	运营计划	1301个人简单
学生学号	201838010141	运营模式	个人模式	累积经验	75	账户余额	￥29,990,000.00
总成绩	13分		虚拟运营、基础知识、案例教学成绩分别占比重：70%、20%、10%				

虚拟运营

序号	功能模块	分值	任务数	完成数量	得分	扣分
1	第三方支付	100	4	4	100	0
2	互联网征信	100	4	4	100	0
3	P2P贷款	100	4	0	0	0
4	众筹	100	4	0	0	0
5	互联网银行	100	4	0	0	0

图 17-53　个人模式

（2）团队模式。

在实习报告的团队模式中，可以查询班级对应计划对应团队下所有学生的成绩、所有学生的实习报告，教师可以对每一个学生的成绩进行点评；可导出该班级对应计划对应团队下的所有学生的成绩、所有学生的实习报告，也可导出对应的个人实习报告。